La Dra. Laura Schlessinger recibió su doctorado en fisiología de Columbia University en Nueva York, y tiene también un título post-doctoral en terapia de familia y de pareja. Es la autora de seis bestsellers en la lista del *New York Times* y de cuatro libros para niños. Tiene un programa de radio sindicado a nivel internacional, y actualmente vive en el sur de California con su esposo e hijo.

PODER DE MUJER

TRANSFORME

A SU HOMBRE,

SU MATRIMONIO,

SU VIDA

PODER DE

MUJER

LIBRO QUE ACOMPAÑA A

Cómo Cuidar y Tener Contento al Esposo

Dra. Laura C. Schlessinger

Traducido del inglés por Rosario Camacho-Koppel

Una rama de HarperCollinsPublishers

Este libro fue publicado originalmente en inglés en el 2004 en Estados Unidos por la editorial HarperCollins.

PRIMERA EDICIÓN RAYO, 2006

Library of Congress ha catalogado la edición en inglés.

ISBN-10: 0-06-084131-1

ISBN-13: 978-0-06-084131-7

07 08 09 10 DIX/RRD 10 9 8 7 6 5 4 3

Para mi familia y los amigos que me han apoyado,
con mi humilde gratitud.

Agradecimientos

Sin la colaboración sensible, franca, abierta, generosa y profunda de mi audiencia, este libro no habría sido posible. Gracias a todos por ayudarme a ayudar a otros.

La profesión de una mujer es algo curioso. Las cosas que vamos dejando caer mientras ascendemos los peldaños de la vida para poder avanzar más rápido, sin tener en cuenta que las necesitaremos de nuevo cuando volvamos a ser mujeres. Esta es una profesión que todas las mujeres tenemos en común, nos guste o no.

Tarde o temprano todas tenemos que aprenderla, cualquiera que sea la carrera que hayamos elegido o la que hubiéramos querido ejercer . . . y, en último término, de nada sirve a menos que podamos alzar la vista, justo antes de sentarnos a cenar, o darnos la vuelta en la cama—y verlo ahí. Sin eso, no somos mujeres. Somos algo similar a una oficina estilo provenzal francés o un álbum lleno de recortes—pero no una mujer.

—Bette Davis, en la película clásica *Todo Sobre Eva*

Contenido

Nota de la Autora

Considere este libro como su compañero personal para emprender un importante viaje. En *Cómo Cuidar y Tener Contento al Esposo* prometí que "si compraba y leía el libro—y hacía lo que en él se sugiere—en el término de cuarenta y ocho horas, se sentiría más feliz de estar casada . . . y de estar casada con él." ¡Inclusive para mí eso parecía increíble! Luego llegaron las cientos de cartas que comprobaban que el cambio se había producido al cabo de unos minutos o unas horas. Y eso se debe a que *Cómo Cuidar y Tener Contento al Esposo* no implica comportamientos forzados, como recibirlo en la puerta envuelta en papel celofán—sino un cambio de corazón, mente, espíritu y actitud. Aunque puedan hacer bromas para indicar lo contrario, a los hombres no les interesan mucho las rebuscadas seducciones diarias. Lo que ansían encontrar es la calidez, el aprecio y el afecto de cada día. No necesitan objetos inanimados.

El libro *Cómo Cuidar y Tener Contento al Esposo,* a pesar de las críticas y pataletas feministas que lo refutan, no pretende convertir a las mujeres en seres sumisos, serviles, sin criterio propio ni débiles. Todo lo contrario, y de ahí el título de este libro: *Poder de Mujer.* Como lo expresara en una carta uno de mis oyentes, un profesor universitario:

> *"Cada uno ha sido dotado de distintos poderes morales. En algunos casos, estos poderes morales están claramente divididos entre*

los dos sexos por una línea bien demarcada; en otros, es simple-
mente cuestión de dones naturales. El dar no tiene nada que
ver con ser personas serviles. Se trata en cambio de mantenerse
orgullosamente en su sitio y utilizar sus poderes morales para en-
riquecer el momento. Es este uso de nuestros poderes morales—
ya sea entre esposo y esposa, o entre padres e hijos, o entre un ser
humano y otro—lo que nos diferencia tan maravillosa y sorpren-
dentemente de los animales inferiores."

Lo que ha caracterizado de manera tan especial a las mujeres
a través del tiempo ha sido su tendencia natural a unirse, a brindar cariño, a anidar, a expresar compasión y amor. Cuando hablamos del "amor de madre," hablamos del más puro y fuerte de
todos los afectos. Cuando hablamos de "leche materna," hablamos del medio por el cual se transmite la vida misma. Las mujeres son criaturas especiales que (en unión con sus esposos y con
Dios) tienen el poder de crear vida dentro de sus vientres. Las
madres son la fuente y el sustento de la vida a través de su función de amamantar y brindar cuidado y cariño. A través de los
lazos sociales, las mujeres son el vínculo entre sus hombres, la familia y la sociedad. A través de su aceptación de un hombre específico, las mujeres son una fuerza poderosa para determinar el
comportamiento social de sus parejas (si los chicos malos no pudieran conseguir una mujer, pensarían un poco más en la posibilidad de ser chicos buenos).

Esto da como resultado natural *el poder de mujer*. Como adul-
tos, los hombres llegan a la mujer, hasta cierto punto como llega
un muchacho a donde su madre, generalmente no de modo
neurótico sino como parte del recorrido natural de un hombre.
Su vida tiene como objeto obtener la misma aprobación, el
mismo aprecio, el mismo afecto y la misma atención que ha
anhelado recibir de su madre. Y cuando obtiene eso de "su
mujer" está mejor capacitado para conquistar el mundo y le da a
su esposa toda su dedicación.

Cuando las mujeres "consiguen" este poder y "lo utilizan,"
sus hombres, sus matrimonios y sus vidas se transforman; y aún
en medio de dificultades financieras, enfermedades, hijos rebel-

des, vecinos molestos y un perro que no aprende a no hacer sus necesidades dentro de la casa, tanto ellas como sus esposos son felices.

Poder de Mujer es en parte un libro corriente, en parte un diario, en parte un libro de trabajo, *y en su totalidad* una forma positiva de tomar los conceptos básicos de *Cómo Cuidar y Tener Contento al Esposo* para ampliar y reforzar esos conceptos con el fin de ayudarle a cambiar su vida y la vida de su familia y convertirla en la experiencia espiritualmente sólida y satisfactoria que puede ser.

Introducción

Aunque este libro vale por sí mismo como una obra individual al atraer y guiar a la mujer hacia la forma de maximizar su potencial inherente para transformar su hombre y su matrimonio en experiencias de felicidad y satisfacción, es también una respuesta a las múltiples interrogantes, tanto de esposos como de esposas, generadas por su "libro hermano" *Cómo Cuidar y Tener Contento al Esposo.*

En ese libro indiqué que, como escribiera Cathy Young en su crítica del libro en el *Boston Globe,* "En la era del feminismo . . . hemos prestado mucha atención a las quejas de las mujeres acerca de los hombres y hemos criticado a los hombres por no satisfacer las necesidades de las mujeres—pero hemos olvidado que también los hombres tienen necesidades y que las mujeres tienen también sus fallas. De alguna forma, hemos llegado inclusive a desarrollar el concepto de que la mujer que procura satisfacer las necesidades de su esposo es un ser servil (mientras que el esposo que no satisface las necesidades de su esposa es un cerdo) . . .

"Parte del problema radica en que el feminismo . . . ofrece muy poco en términos de alternativas. Con demasiada frecuencia (Schlessinger tiene razón a este respecto), ha fomentado la ira, el rencor y el hábito de culpar al hombre en lugar de establecer una sociedad entre iguales. La mayoría de las mujeres desean una relación amorosa con sus esposos."

¡Amén! Me parece fascinante ver que la mayoría de las mujeres no se da cuenta de qué tan displicentes son con sus esposos y cuánto descuidan sus necesidades. Esa mentalidad se ha vuelto tan común en nuestra cultura que muchas esposas no creen que se trate de un comportamiento poco amable, desconsiderado, cruel, abusivo o abiertamente perverso. Pero puede llegar a serlo. La respuesta positiva y casi universal de las mujeres que realmente han leído el libro me ha resultado muy gratificante. En lugar de una reacción defensiva basada en el concepto erróneo de que se les está juzgando por todos los males del mundo, las mujeres han aceptado el concepto que les he propuesto: que, como mujeres, tienen el poder de cambiar sus hombres, sus matrimonios, sus hogares y sus vidas para convertirlos en una experiencia más positiva y retributiva.

El siguiente es un ejemplo demasiado frecuente de una esposa que no comprende el poder que tiene. Hace poco recibí una llamada interesante de una madre con un segundo matrimonio y con una hija de dieciocho años. La hija se sentía incapaz de manejar los celos y el resentimiento exagerados de su madre que pensaba que su nuevo esposo de tres años le estaba prestando más atención a su hija que a ella.

Claro está que, de inmediato, investigué la posibilidad de que este hombre se estuviera fijando en la hija. No era así. Confirmé con la madre para saber si la hija se comportaba de manera seductora con su padrastro. Tampoco. Le pedí entonces a la hija que colgara el teléfono y le prometí que su mamá y yo resolveríamos el problema.

Reprendí a la mamá por involucrar a su hija en sus problemas conyugales. Luego entramos en algunos detalles. La mamá tenía tres quejas: que él se mostraba muy contento cuando la hija lo llamaba al trabajo mientras que se mostraba cortante e indiferente cuando ella lo llamaba; que se mostraba amable con la hija cuando llegaba a casa en las tardes pero no la saludaba a ella con la misma efusividad; que se mostraba alegre cuando la hija le pedía un favor pero que nunca hacía lo que ella le pedía que hiciera, por más que se lo repitiera una y otra vez.

"Amiga mía," le dije, "¿Cuando llamas a tu esposo al trabajo, lo haces para susurrarle cosas dulces y sin importancia al oído? ¿O lo llamas para quejarte e importunarlo acerca de algún problema?"

Lo último.

"Cuando llega tu esposo a casa, ¿lo esperas en la puerta con un alegre 'Hola amor, qué bueno que llegaste, beso, beso?' "

No.

"Cuando le pides que haga algo por ti, ¿lo ignoras después, o le demuestras tu agradecimiento?"

Lo primero.

"Entonces, ¿qué esperas de él con esa actitud negativa? Sólo quiero saber: ¿Qué pasó con la regla de atrapar moscas con miel?"

Le expliqué que cuando su hija llamaba a su esposo, lo saludaba, le demostraba su aprecio y para él era una experiencia más positiva que cuando lo llamaba ella. Simplemente eso. Este caso concuerda con parte de mi tesis que sostiene que los hombres son personas sencillas—no tontos—sólo personas con necesidades sencillas, es decir, no son complejos. Requieren aprecio, aprobación y afecto de parte de sus esposas; y cuando lo obtienen, como ya lo he dicho muchas veces en mi programa de radio, estarán dispuestos a atravesar mares infestados de tiburones para traernos una limonada.

Las mujeres manejan más poder en la relación hombre—mujer. Los hombres nacen de las mujeres, son educados por las mujeres y van a las mujeres en busca de lazos de unión y apareamiento. Las mujeres son esenciales para el bienestar emocional del hombre durante toda su vida. No creo que podamos encontrar en la historia un solo hombre que se haya suicidado por haber peleado con un compañero de golf. Todas conocemos cuán devastadora puede ser la frustración de un hombre que no recibe el amor, la admiración, el aprecio y el cariño de su esposa. Ese dolor, ese rechazo o esa pérdida pueden virtualmente poner fin a su razón de vivir. La mayoría de los hombres vive para servir a sus esposas y a sus hijos—a sus familias. Cuando no se les demuestra que se les aprecia por esos esfuerzos, se sienten heridos, perdidos, solos y no son muy colaboradores.

Sólo dos semanas después de que se publicó *Cómo Cuidar y Tener Contento al Esposo,* recibí una carta de un oficial de policía de seis pies cuatro pulgadas de estatura y 215 libras de peso. Daba dolor leerla, pero la compartí en mi programa de radio. La respuesta a esta carta desde todos los lugares de Estados Unidos y Canadá fue sorprendente. ¿Por qué? Este hombre corpulento, masculino, fornido, exitoso en su profesión, se estaba convirtiendo en un guiñapo deprimido porque su esposa nunca parecía sentirse orgullosa de él ni satisfecha con lo que hacía. Esta carta llegó al corazón de hombres y mujeres por igual. Hombres de todas las profesiones se identificaron con su dolor. También ellos, a pesar de amar a sus esposas, comenzaban a imaginarse lo que sería vivir sin ellas.

Las mujeres, identificadas, en mayor o menor grado, con su esposa—quedaron abrumadas por la tristeza y el remordimiento. Durante las dos semanas que siguieron a la lectura de esta carta por radio, cientos de esposas me escribieron diciendo que, después de haber llorado un buen rato, todas se pusieron en contacto con sus esposos en sus trabajos, y les dijeron que los amaban y que estaban orgullosas de ellos. También me informaron que sus esposos parecían haberse transformado y eran ahora seres humanos felices que se ofrecían a ayudar en esto y aquello ¡Sin necesidad de que se lo pidieran!

Muy sencillo. Sólo tomó cinco minutos . . . excelente.

¡Nunca antes me habían pedido tantas copias de algo que hubiese leído en el programa, en treinta años! Esa carta desencadenó cientos de respuestas de mujeres que hicieron lo mismo que Jeanah, una de mis oyentes, minutos después de oírme leer la carta de Robert. Ella me envió el siguiente fax:

"Pienso que decir 'gracias' no basta para agradecerle a usted y a quien escribió la carta que acaba de leer. Me temo que soy una de esas mujeres.

"Estaba sentada en mi escritorio escuchándola a través de mis audífonos mientras me dedicaba a mi trabajo en el estupor de costumbre. Esa carta me dejó fría.

"Acabo de pedir un ramo de flores y una caja de chocolates

para que se la entreguen a mi esposo en su trabajo. La tarjeta dice, 'Me siento orgullosa de tenerte por esposo.'

"Voy a salir de compras en lo que queda del día, para buscar algo vaporoso y con encajes. Cuando llegue a casa, estaré en la cama, con muy poca ropa encima, con un racimo de uvas y una bola de queso. Los demás detalles me los reservaré.

"Nos veremos en el lado más alegre del matrimonio."

Cómo Cuidar y Tener Contento al Esposo puso en perspectiva el dolor del hombre cuando la mujer por la que está dispuesto a hacer cualquier cosa no lo considera su ídolo. Esto no quiere decir que la mayoría de las mujeres o esposas sean malas. Es que no se les ha animado a entender y a apreciar a los hombres y a la masculinidad. Han sido educadas para ver a los hombres como "el imperio del mal" y a considerar que el darse es una subyugación. Es triste.

Desafortunadamente, también recibí cartas de hombres cuyas esposas se negaron a leer el libro. Esa actitud negativa fue interpretada como un rechazo personal de los hombres quienes expresaron en voz alta su perplejidad al no entender por qué sus esposas no querían saber más acerca de sus sentimientos y necesidades. Dave, uno de mis oyentes, escribió:

"Mi esposa me vio leyéndolo y sabe de qué se trata el libro, pero nunca me ha preguntado nada al respecto. No sé si se deba a que no quiere mirarse al espejo o si es debido a su típico desinterés por lo que yo esté haciendo. Estoy seguro que muchos hombres se preguntarán lo mismo. Puesto que la esperanza es poder mejorar la situación, uno no quiere adoptar una actitud amenazante ni dar la impresión de estar presentando un ultimátum. Lo que sí quiere es dejar en claro que se identifica con los hombres y las situaciones que se presentan en el libro."

Realmente no imaginé jamás el impacto que tendría ese libro en los hombres ni cómo lo recibirían. Son tan pocas las cosas en nuestra cultura que demuestran respeto hacia los hombres y hacia los pensamientos, sentimientos y comportamiento masculinos. Supongo que, en cierta medida, *Cómo Cuidar y Tener Contento al Esposo* llenó ese vacío. No obstante, es triste imaginar que haya hombres que realmente sientan temor de la posible reacción de sus esposas cuando les presenten el libro.

David, uno de mis oyentes, escribió:

"Compré Cómo Cuidar y Tener Contento al Esposo *sólo para ver si había tenido expectativas poco realistas con relación a mi esposa durante los diecisiete años que hemos estado casados. Dediqué varias horas a leer el libro de cabo a rabo, lo leí repetidas veces y me sorprendí al ver que prácticamente todas las páginas se relacionaban justamente con algún aspecto de mi matrimonio. Haré todo lo posible para que mi esposa lo lea.*

"Es increíble lo sencillos que son los hombres. Si sólo pudiera tener un poquito de amor físico de mi esposa, me convertiría en su esclavo incondicional. Se lo he dicho muchas veces pero es como si nada. A veces trabajo doce y hasta catorce horas al día para ganar el dinero necesario para sostener a nuestra familia y vivir con cierto grado de comodidad. Todo lo que pido de mi esposa es que me dedique quince minutos un par de días a la semana (cosa que nunca logro). Parece que no entiende el daño que me causa con esa falta de atención. He tratado de explicárselo, sin éxito. Si logro que lea este libro, estoy seguro que sus palabras ayudarán a aliviar la frustración y el dolor."

Puedo entender la actitud defensiva de muchas mujeres, básicamente buenas, cuando sus maridos les entregan este libro. Es incómodo enfrentarse a la realidad de que uno ha sido insensible o ha estado siempre centrada en sí misma. Sin embargo, también tiene que haber una sensación de alivio que proviene de (a) conocer el problema y (b) saber que UNO puede hacer que todo cambie y sea mejor.

La carta de Valerie expresa de forma hermosa este sentimiento:

"Está bien, me rindo. He estado pensando leer su libro durante algún tiempo, pero siempre me decía, '¿Qué pasará si después de

que cambie mi actitud hacia él, sigue sin ayudarme?' ¡Me parecía tan injusto!

"Bien, estaba escuchando la entrevista que le hicieron esta mañana en KSFO. Usted se refirió al corpulento policía que se sentía muy mal porque su esposa nunca le decía que estaba orgullosa de él. Contó cómo, después de leer su carta en su programa, muchas esposas habían llamado a sus esposos para decirle justamente eso; que estaban orgullosas de ellos. También habló de cómo son de volubles las mujeres. Dijo usted todo esto después de que anoche yo me comportara de forma totalmente emocional, voluble y desquiciada con mi esposo. Ni siquiera le diré de qué se trató; es algo de lo que ahora me avergüenzo muchísimo.

"Entonces, después de todo eso llamé a mi esposo y le dije, 'Me doy cuenta lo tonta que fui anoche y realmente lo siento. Gracias por ser tan buen esposo."

"Él me dijo entonces, 'Te respeto más de lo que me respeto, mataría por ti, tu vida significa más que mi propia vida para mí."

"Todavía se me llenan los ojos de lágrimas cuando lo pienso. ¡Quién habla de satisfacer mis necesidades emocionales! De pronto me he olvidado del trabajo que yo quería que él hiciera en la casa. Me hizo sentir hoy como la única mujer en el mundo. No veo la hora de llegar a la librería a comprar su libro. Si el hecho de decir algo tan 'insignificante' a mi esposo lo llevó a decir algo tan 'maravilloso,' usted debe saber de qué está hablando."

Muy sencillo. Cinco minutos . . . máximo.

Y, señoras, no esperen hasta cuando sea demasiado tarde.

Una oyente de Yucaipa, California, me escribió:

"Estoy aquí sentada, llorando, después de escuchar a la mujer que llamó, la que tiene dos niños pequeños y un esposo que no está 'contento' por su edad. Tampoco yo estaba satisfecha con un hombre que era bondadoso, amable, bien parecido, un gran trabajador, que hacía todo lo posible por hacerme feliz. Era un padre excelente y tenía un trabajo que le encantaba.

"Pensaba que me debía prestar más atención, que debería tener un trabajo mejor (podíamos pagar las cuentas, pero no nos quedaba mucho dinero extra), y pensaba que podía encontrar un hombre mejor, si lo quisiera.

"Nunca le dije que apreciaba todo lo que hacía y lo que él era.

"Ahora, un año después de su muerte, a los cuarenta y nueve años de edad por un cáncer, lloro por todo lo que mi hijo y yo hemos perdido. Ahora le diría veinte veces al día cuánto lo quería, lo necesitaba, lo apreciaba, si eso lo hiciera feliz. Sé que era el mejor hombre del mundo.

"Quisiera con todo mi corazón haber tenido una segunda oportunidad; quisiera que su libro y sus palabras de sabiduría hubieran llegado antes y no cuando ya es demasiado tarde."

Y ahora, la segunda forma de que sea demasiado tarde—una que sólo a veces se puede enmendar.

Un hombre de Carolina del Norte escribió:

"Escribo hoy para mostrar la otra cara de esta maravillosa y nueva tendencia producida por su nuevo libro, Cómo Cuidar y Tener Contento al Esposo. *Soy un marido que lleva ya separado más de un año. Durante los dos años que duró mi matrimonio, mi esposa se refería a mí como estúpido o patético, o decía que debería haberse casado con otra persona. Yo le decía cuánto me dolía que hablara así y ella me respondía que era un bebé, que no era un hombre lo suficientemente fuerte si no podía aceptar sus palabras y sus ocasionales sarcasmos.*

"Recuerdo haberme sentido, la mayor parte del tiempo, como un inútil, bueno para nada. Nunca logré que entendiera lo que me hacía. Con el tiempo llegué a tener miedo de decirle cualquier cosa que estuviera sintiendo. Lo más difícil que hice fue decirle que se fuera. A los hombres nos encanta sentir que podemos ser los protectores de nuestras esposas, que las podemos salvar de todos los dragones del mundo. Pero aprendí que el poder de mi esposa para destruirme era superior a cualquier cosa a la que me hubiera podido enfrentar. Para mi matrimonio, su libro ha llegado demasiado tarde."

Es lamentable tener que decir que he recibido muchas cartas como ésta de hombres que han sido derrotados, destruidos y desmoralizados simplemente porque sus esposas no se preocupan por ellos. Otro esposo escribió:

"La sensación de rechazo total que se fue acumulando en mí con el tiempo, como esposo, padre, amigo y amante—no podía hacer nada bien—afectó todos y cada uno de los aspectos de mi vida, incluyendo, por último, mi capacidad de proveer financieramente para mi esposa y nuestros cuatro hijos. Después de que nació nuestro cuarto hijo (ella quiso tener un cuarto hijo), me fue rechazando poco a poco sexualmente por un periodo de cuatro años. En un momento en el que habían pasado ya dos meses sin que hubiéramos tenido ningún contacto físico, le dije cuán rechazado me sentía y le comenté cuán difícil me resultaba concentrarme en mi trabajo por esa situación. Su respuesta fue tajante, '¡Acostúmbrate!,' los ojos se me llenaron de lágrimas. Le pedí que pasáramos un rato juntos, tranquilos, en el sofá, para hablar y tomarnos de la manos. Su respuesta, mientras abandonaba la habitación fue, 'No tengo tiempo para eso.' "

Además, no crean que el entorno psicoterapéutico ha sido menos hostil con los esposos. Por lo general los psicoterapeutas son de ideología liberal, están imbuidos de una mentalidad feminista antimachista que es pregonada en la mayoría de sus programas de capacitación. Por lo tanto, cuando los esposos buscan asesoría conyugal, con la esperanza de que el terapeuta o la terapeuta les ayuden a restablecer el contacto con sus esposas, suelen encontrarse con mucha frecuencia con cánones que van a la izquierda o a la derecha de lo que ellos son. Los siguientes ejemplos representan experiencias demasiado frecuentes de lo que ocurre con los hombres en la asesoría de pareja:

"Cuando terminé de leer [Cómo Cuidar y Tener Contento al Esposo] *le rogué a mi esposa que lo leyera. Aceptó hacerlo con bastante reticencia.*

"Después de leerlo me miró con desdén. Me preguntó cómo

me había atrevido a darle algo que la cuestionara como esposa y dijo que yo era totalmente insensible. Le expliqué que el libro no debía interpretarse desde un punto de vista negativo sino como un medio para tener una idea de cómo ven los hombres sus relaciones. Me respondió de inmediato, '¡Vamos a terapia de pareja!'

"*Una semana después me encontré ante una terapeuta que me recriminaba por desear cosas tan sencillas como un abrazo, un beso y un 'te quiero' y, Dios no lo permita . . . sexo. La terapeuta dijo que mi esposa no estaba obligada a darme ninguna de estas cosas y que mis exigencias eran una fuente de control con la que yo pretendía despojarla de su poder.*

"*¡No lo podía creer!' luego recibí la estocada en el corazón. Mi esposa le dijo que yo realmente había tenido el atrevimiento de darle un libro para que aprendiera a ser una buena esposa. La terapeuta puso de inmediato los ojos en blanco y dijo, 'Ese libro ha hecho que las mujeres crean que deben someterse a sus esposos y adoptar un papel servil. Yo lo quemaría en la chimenea.'*

"*Le escribo esta carta no sólo para desahogarme sino para advertir a sus lectores sobre la resistencia que pueden encontrar en algunos terapeutas y asesores. Hay que asegurarse de que el terapeuta quiera fomentar una sociedad de pareja sana entre el esposo y la esposa y no diseminar la creencia generalizada de que la víctima es siempre la mujer:*"

Los hombres empiezan a salir del clóset y a admitir que se sienten heridos y furiosos y que ya no soportan más. Tim, uno de mis lectores, llamó al programa de radio para preguntarme qué debería hacer con su ira hacia su esposa, ¡una ira que se había cristalizado al leer *Cómo Cuidar y Tener Contento al Esposo!*

Dijo, "He estado leyendo su libro y me ha despertado una gran ira, realmente no sé cómo manejarla. Hace unos cuatro años abandoné mi matrimonio de nueve años. Las mujeres que usted describe en su libro son idénticas a mi ex esposa. Sólo me ha recordado las pesadillas. Me enamoré de mi esposa cuando la vi por primera vez y fue el día más feliz de mi vida. Para cuando abandoné mi hogar, estaba vacío como si sólo fuera el cascarón de un hombre. Era como si, cuando todo terminó, ella me hubiera despojado hasta del último vestigio de mi hombría. Me sentí muy engañado y creo que me volví muy cínico con respecto a las mujeres. No sé qué hacer con esta ira."

Cómo Cuidar y Tener Contento al Esposo ha validado los puntos de vista y los sentimientos de muchos esposos que, francamente, se han sentido despreciados, maltratados o inclusive abusados psicológica y emocionalmente por sus esposas. Sin embargo, les digo que aferrarse a esa ira es algo que envenena tanto su bienestar como la posible satisfacción que puedan obtener de la vida, y que deben tener en cuenta el tipo de personalidad y estado de ánimo que preferirían para sus futuras relaciones. (Les recomiendo mi libro *Diez Cosas Estúpidas que Hacen los Hombres para Dañar sus Vidas.*)

Es evidente que nosotras las mujeres manejamos una enorme cantidad de poder en nuestras relaciones con los hombres. Es evidente que nuestros hombres pueden sentirse motivados hacia la grandeza tanto dentro como fuera de sus hogares con las más mínimas palabras y gestos de amor, admiración y apoyo de parte nuestra, como sus esposas. También es evidente que tenemos el poder de dar y de quitar. No debemos tomar ese poder a la ligera. Tampoco debemos tomar a la ligera las necesidades de nuestros hombres.

Tal vez una de las cartas más conmovedoras, relacionada con este aspecto de lo que un esposo realmente necesita, fue una que me llegó hace poco de una ex prostituta. ¡Increíble! Qué perspectiva. Melissa escribió que, desde que tenía dieciséis años, hacía *striptease* durante el día y por las noches vendía su cuerpo.

"Se tiene el concepto equivocado de que todas las prostitutas están en las esquinas de las calles y que todos los 'Johns' son viejos verdes, degenerados, pervertidos, que sólo quieren buscar placer en actos impuros que sus delicadas y bien educadas esposas no les permiten en su hogar. Aunque en algunas situaciones este sea el caso, me siento obligada a contarle otro aspecto.

"La mayoría de mis clientes eran casados, pero la verdad es que, al menos el noventa por ciento de ellos JAMÁS ME TOCARON. Me pagaban por hacer las cosas que sus esposas

no hacen . . . cosas como ESCUCHAR, prepararles un trago, encenderles los cigarrillos y levantarle la moral . . . prestarles atención y hacerlos sentir bien—pero no en el aspecto sexual.

"Se sorprendería de cuán poco sexo tuve realmente con mis clientes, incluida también la definición que Clinton hace del sexo. Esos hombres tenían que pagar dinero para obtener de alguien lo que no conseguían en sus hogares. Siempre pensaba en lo increíblemente tristes que estaban y en lo solos que se sentían, a pesar de estar casados."

Piénsenlo. Esos hombres buscaban una prostituta para obtener lo que no encontraban en su hogar: atención, aprobación, aprecio y afecto. El sexo era incidental. Las verdaderas necesidades del hombre las suple la mujer con sólo ser cariñosa y saber escuchar.

Como lo resumiera Bob, uno de mis oyentes:

"Dra. Laura, siga difundiendo información sobre los sentimientos de los hombres y sobre las necesidades sencillas que tenemos. Así como las mujeres ansían ser la 'Abeja Reina' en su hogar, nosotros los esposos necesitamos que nos traten también como si fuéramos especiales . . . ¡antes de que sea demasiado tarde!"

Nada de esto pretende culpar ni condenar a las mujeres por todos los males del mundo y del hogar. Sólo confirma que las mujeres tienen poderes casi mágicos para crear en sus hogares una atmósfera en la que su felicidad y su placer así como la felicidad y el placer de sus esposos e hijos puedan prosperar. Y no es difícil—aunque al principio cueste trabajo romper los viejos hábitos y ser vulnerables. No se requieren herramientas ni hay que armar nada. Solamente una cierta expresión en los ojos, un cierto tono de voz, un cierto toque de la mano.

Sencillo. Unos minutos cada día . . . máximo.

—*Dra. Laura Schlessinger*
FEBRERO DE 2003

PRIMERA PARTE

Sí, Pero . . . ¿Y Si?

Preguntas y Objeciones Acerca de
**Cómo Cuidar y Tener
Contento al Esposo**

Para algunos, los títulos de *Cómo Cuidar y Tener Contento al Esposo* y *Poder de Mujer* son provocativos y controversiales—especialmente uno al lado del otro.

El primer título parece estar de un solo lado, hostil hacia las mujeres, retrógrado, propio de los años 50, una amenaza a los derechos civiles de la mujer y una afrenta a las mujeres que ya trabajan demasiado y consideran cualquier solicitud o deseo de sus esposos como una actitud egoísta y opresiva.

El segundo título parece un grito de guerra de las feministas ("Soy una mujer, óiganme rugir" o "Estas botas fueron hechas para caminar y eso será justamente lo que harán; un día de estos estas botas caminarán de arriba abajo sobre tu cuerpo"), del otro lado, hostil hacia los hombres, retrógrado, propio de los años 60, un peligro para los derechos de los niños y una afrenta a los hombres que ya trabajan demasiado y que interpretan cualquier solicitud o deseo de parte de sus esposas como una actitud egoísta y opresiva.

Esto es sólo para demostrarles que todo depende de la perspectiva y la actitud. El concepto "feminista" del poder de la mujer demostrado en el rechazo de la feminidad, o de la crianza de los hijos, o del amor al hombre y el cuidado del hogar para su bienestar tanto físico como emocional, ha privado a las mujeres del derecho a la elección y la satisfacción. Una presentadora de un programa de opinión me dio las gracias al final de una entrevista sobre *Cómo Cuidar y Tener Contento al Esposo,* diciendo, "Usted ha vuelto a hacer que sea aceptable cuidar al esposo."

El máximo poder de las mujeres es el de sus cualidades excepcionales: intuición, comprensión, cariño, sensibilidad, sensualidad, entrega, y capacidad de anidar. A través de las distintas épocas, las mujeres han sido quienes centran a los hombres (la seguridad y el calor emocional del hogar y la aceptación del hombre de todo corazón), quienes dan al hombre un propósito (ser el proveedor y el protector de la esposa, los hijos y el hogar), quienes controlan la agresividad y las urgencias promiscuas de los hombres (el impacto civilizador de la responsabilidad por la familia y los hijos). Las mujeres son también quienes, en último término, crean el ambiente del hogar.

Me entristece, como mujer y como comunicadora que se dirige día tras día a millones de hombres, mujeres y niños, que las mujeres hayan sido adoctrinadas para creer que esa actitud es más servil que de poder.

Pero dado que se trata de aspectos lamentablemente controversiales, surgen muchas interrogantes; algunas provienen de nuestras mentes y otras que tenemos que saber manejar ante las interrogantes que se presentan cuando otras personas, menos familiarizadas con el tema ¡nos ven leyendo este libro! Las siguientes son algunas de las preguntas y objeciones que surgen con más frecuencia desde la publicación de *Cómo Cuidar y Tener Contento al Esposo.*

Este es también el comienzo de la parte "interactiva" de este libro. Después de cada P y R, hay un espacio que se ha dejado en

blanco para que escriba sus reacciones, pensamientos, objeciones, sentimientos, notas, reflexiones, admisiones y compromisos
de mejorar o cambiar. No es necesario abordar estas preguntas
en un orden específico.

Además, es posible que quiera utilizar estas preguntas como
puntos de análisis con su esposo y/o con el grupo de mujeres de
su club de lectoras o con una amiga con quien esté iniciando
este recorrido como "compañeras de estudio."

Pregunta 1:
¿Cómo saber la diferencia entre un mal hombre y un hombre "hambriento"?

"Tengo una preocupación relacionada con su nuevo libro,
Cómo Cuidar y Tener Contento al Esposo. *Las mujeres
que se encuentran involucradas en relaciones de odio, abusivas,
pueden seguir el consejo que usted da e intentar esforzarse aún
más por lograr que una relación, potencialmente fatal, funcione,
aceptando la culpa de que la falla que lleva al abuso es de ellas,
al no esforzarse lo suficiente por agradar. Tal vez podría lograr
que las miles de mujeres que están en este tipo de relación sepan
que existe la posibilidad de que su maravilloso libro no resulte
útil en una relación que es mental, emocional y psicológicamente
abusiva. Gracias por todo lo que hace por aquellas que sacarán
la cera de sus oídos, y de sus egos, y la escucharán."*

¡No podría estar más de acuerdo! Es por eso que en la primera página de *Cómo Cuidar y Tener Contento al Esposo,* en la
Nota de la Autora, dice: "Cuando escribí mi primer libro, *Ten
Stupid Things Women Do to Mess Up Their Lives* (Diez Estupideces
que Cometen las Mujeres para Dañar sus Vidas) y que reiteré en
una obra posterior: *Ten Stupid Things Couples Do to Mess Up
Their Relationships* (Diez Estupideces que Comenten las Parejas
para Dañar su Relación), me referí a "las 3 Aes": las Adicciones,
los Abusos y los Amoríos, comportamientos que, en mi opinión,
violan la alianza y justifican la decisión autoprotectora de poner

fin a la relación. En los casos en los que la conducta de uno o ambos cónyuges sea abiertamente destructiva, peligrosa o perversa, este libro no tendrá cabida."

Habiendo dicho esto, este concepto de un "hombre malo" tiene algunas ramificaciones que creo merecen atención. Desde que se publicó *Cómo Cuidar y Tener Contento al Esposo,* muchas mujeres me han escrito para decirme que aunque sus hombres han tenido amoríos o han bebido demasiado o han trabajado en horarios muy extensos, o simplemente no cooperan en la casa o adoptan una actitud constantemente negativa, después de leer el libro, sus propias actitudes hacia sus esposos, tuvieron el poder de sanar y reorientarlos a ambos. Nunca, nunca, nunca he culpado a nadie por el comportamiento de otra persona. Siempre, siempre, siempre he dejado en claro que hay que ser responsables de sus propios actos, a pesar de las influencias o presiones que se puedan estar experimentando de parte de otros.

Sin embargo, es un hecho que muchos basan sus elecciones bajo estas influencias o presiones. También es un hecho que los hombres insatisfechos suelen hacer elecciones tontas, destructivas, como resultado de esas influencias o presiones. Es innegable que la mayoría de los hombres descontentos lo están porque sus almas, sus mentes y sus corazones no reciben en sus hogares la atención que necesitan de parte de las únicas personas con capacidad de transformarlos—sus esposas.

Los hombres dependen más de la aceptación y el amor de sus esposas para su bienestar general que lo que las mujeres dependen de ellos para este mismo fin. Las mujeres obtienen ese tipo de apoyo y retroalimentación de sus madres, hermanas, amigas, peluqueras, manicuristas, etc. Los hombres, tal como lo hacían cuando eran niños, sólo recurren a las mujeres que están presentes en sus vidas (sus madres, en segundo lugar sus amigas y luego sus esposas) para el toque humano. ¿Recuerda el final de la película *Rocky* con Silvester Stallone? Cuando Rocky derrotó al campeón; sangrante, pero triunfador, lo único que dijo fue el nombre de su esposa, "¡Adrian!" Lo mismo ocurrió en la película *Jerry Maguire* con Cuba Gooding Jr. y Tom Cruise. El héroe lloró y le envió besos y cariños a través de la cámara a su esposa. Los jugadores de fútbol dicen "¡Hola mamá!" a la cámara durante un juego. Para los hombres, la aceptación, el aprecio, la atención y el afecto de sus esposas es el oxígeno, es la manta que abriga, la adrenalina, la seguridad, el propósito e incluso el significado más importante de sus vidas.

Algunas mujeres, cuyos esposos se han desviado del camino o han empezado a trabajar en horarios muy largos fuera de la casa, aceptan la responsabilidad de no haber creado una atmósfera cálida de hogar que hiciera de su casa un imán para sus hombres. Sus cartas no parecen ser de mujeres sobrecogidas por el pánico y totalmente dependientes. Son cartas de mujeres maduras que aceptan con valentía el hecho de que contribuyeron a crear una atmósfera de tensión para sus hombres y prepararon el terreno para que sus cónyuges eligieran mal. Admitieron haber rechazado los avances sexuales y amorosos de sus esposos, admitieron también haberles consultado en muy pocas ocasiones sus opiniones acerca de los niños, no haber dedicado el tiempo suficiente a escucharlos o a considerar sus problemas como algo importante, etc.

Lo que estas mujeres descubrieron es que la mayor parte del poder en una relación hombre-mujer la tiene la mujer, porque el hombre depende de ella emocional y psicológicamente. *Nada* tiene que ver con *la culpa. Se trata* del *poder.* Entonces ¿Significa esto que los hombres son unos seres débiles e inseguros? No, claro que no. El mismo hombre que se derrumba ante la crítica de una mujer puede entrar sin vacilar a un edificio en llamas para salvar las vidas de extraños.

Cualquier mujer que piense, por un minuto, que ésta es una actitud servil, está muy equivocada en su forma de pensar y limitada en su capacidad de lograr un matrimonio fabuloso. Como escribiera Lori, una de mis oyentes:

"Mi hermana y los miembros feministas de mi familia me han tildado de estar 'oprimida por un hombre.' Se me dice que 'no necesito' un hombre para que me cuide, que no debo 'desperdiciar mi

cerebro,' etc. Con el tiempo, me he venido a dar cuenta de que, al considerar el cuidado de mi esposo y de mi hijo como mi prioridad más importante, he podido, en cierta medida, liberarme y crecer como mujer y como ser humano, de una forma que ninguna otra actitud me habría permitido."

¿Qué pasó con aquello de que "es mejor dar que recibir"?

Una recién casada, apenas con cuatro meses de matrimonio, no tenía ningún problema con el aspecto de "dar," sin embargo tenía problemas con la hostilidad de otras mujeres por el hecho de que estuviera tan dispuesta a darlo todo a su esposo.

"Mi esposo y yo iniciamos nuestra relación con la ventaja de haber comprobado que la actitud de amor es una elección que se hace DÍA TRAS DÍA. Mi esposo le dice constantemente a sus amigos que tiene a la mejor esposa del mundo (aunque no lo soy). Llena mi vida de alegría. Como nueva esposa, he aprendido que mi esposo disfruta el almuerzo que empaco para él cada día. Hace poco, una mujer de mi Iglesia me detuvo en el pasillo y me dijo, 'Querida . . . nosotras NO preparamos los almuerzos de nuestros esposos todos los días . . .' y todas rieron. Aunque sé que lo dijo en 'broma,' tenía la connotación de que hay aún muchas cosas que debo aprender como esposa. No pude dejar de pensar que era ELLA realmente la que tenía algo que aprender. Yo no hago esas cosas porque él me las pida ni porque yo sea 'la esposa sumisa,' las hago porque lo amo y quiero que él lo entienda así durante todo su día, durante toda su semana y durante toda su vida."

En respuesta a la lectura que hice de esta carta en mi programa de radio, un esposo escribió:

"Mi respuesta a la nueva esposa: 'No permitas que nadie te convenza de dejar de demostrar tu amor y tu aprecio por lo que él hace por ti y por la forma como responde a tus sentimientos.' He oído a personas insatisfechas dar consejos ridículos como ese a las esposas jóvenes, y sé que son personas amargadas que simplemente quieren encontrar quien las acompañe en su tren de amargura."

Por último, lo que algunas mujeres consideran como abusivo o controlador parece a veces tonto. A veces parecería que muchas mujeres tienen un concepto tan negativo de los hombres que están convencidas de que la menor objeción proveniente de él es una muestra de opresión. Santo cielo.

Un joven llamó recientemente a mi programa junto con su prometida, que, sin que yo lo supiera, dado que sólo me enteré de que estaba ahí al final de la llamada, estaba sentada a su lado escuchando cada palabra que él decía. Llamó porque su prometida queria cancelar la boda, pero, sin embargo, deseaba seguir teniendo una relación con él.

Les aseguro que nunca pude entender cuál era el problema. Cuando eso ocurre, confío en mi instinto que me dice que el caso tiene más implicaciones de las que estoy oyendo. Fue sólo cuando lo desafié ("¿Qué me estás ocultando?") cuando me dijo que "ella" estaba sentada junto a él. Es evidente que tenía miedo de decir la verdad frente a ella. Es triste y no muy promisorio para un matrimonio.

Puse fin a la llamada porque me era imposible ayudarlo si no tenía libertad para expresarse. ¿Cuál era el problema? Ella y su madre habían decidido que él la estaba controlando y le habían dado los siguientes ejemplos: (1) cuando ella se demora dos o tres horas para llegar a una cita que tienen, él reacciona de forma exagerada y controladora al pedirle que le deje un mensaje o que le avise o que se disculpe con él cuando esto ocurra; (2) dos meses después de haberle propuesto matrimonio, tuvo que ausentarse por un mes para una capacitación de trabajo. La madre de su prometida dijo que ésta debería poder salir con otros hombres, siempre que no tuvieran relaciones sexuales. De hecho, ella salió unas cuantas veces con otra persona, se embriagó e hizo que él se quedara con ella durante la noche. Su prometida y su futura suegra dicen que el hecho de que él pretenda cancelar la boda en este momento (porque él piensa que ella aún no está lista para una relación definitiva) es una falta de respeto hacia ella, una reacción exagerada y de nuevo una forma de controlar.

Lamentablemente, aunque todo esto parece tan ridículo y

evidente, él preguntó, "¿Debo intentar salvar esta relación? ¿Estoy siendo controlador? ¿Debo permitir que me siga utilizando y mantener la relación que ella quiere tener conmigo? ¿Soy un estúpido? ¿Cómo recupero mi autoestima después de algo tan perjudicial? Me han hecho sentir como si yo fuera la peor basura del mundo. Me siento como si estuvieran tratando de reducirme a un estado emocional de total debilidad."

Para muchas mujeres, cualquier cosa que un hombre diga, desee o necesite equivale a control. Esas mujeres no tendrán matrimonios felices.

Ahora es su turno:

Preguntas 2 y 3:
¿Cómo deshacer años de falta de cuidado y satisfacción para mi esposo? y
¿Por qué debo ser la primera en cambiar?

"Hace poco terminé de leer su nuevo libro, Cómo Cuidar y Tener Contento al Esposo, *y me gustó mucho. Sin embargo, creo que no hizo suficiente énfasis en dos aspectos: (1) si una mujer ha estado tratando mal a su esposo durante quince, veinte, veinticinco años o más ¿puede esperar realmente que todo se componga en uno o dos días? (2) las mujeres, como nos ocurre a todas, tendemos a decir con mucha frecuencia: '¿Por qué he de ser yo la primera en cambiar? ¡Cambiaré cuando él cambié!' "*

En cuanto a la primera parte de la pregunta, en realidad no esperé que las mujeres ni sus esposos cambiaran tan rápido como lo hicieron. Fue sólo después de recibir cientos de mensajes de fax, en el término de unos pocos días de la publicación del libro *Cómo Cuidar y Tener Contento al Esposo,* que me di verdadera cuenta de la magnitud y el entusiasmo e interés de las mujeres por contar con algunas herramientas inmediatas y potentes para cambiar sus matrimonios y convertirlos en experiencias más felices, y la inmediata y entusiasta adaptabilidad de los hombres. Empecé a leer esos "testimonios" en mi programa de radio a fin de inspirar a otros, sólo para aumentar geométricamente las respuestas que demuestran la inmediatez de un "cambio."

Con base en esta reacción, comencé a "prometer": "Si compra el libro, lo lee y hace lo que allí se indica, en el término de cuarenta y ocho horas estará más feliz de estar casada . . . y de estar casada con él." No hice esta promesa para vender libros. Pude hacerla sólo porque los lectores me indicaron que así era, y estoy comprometida a ayudar a las parejas a tener matrimonios más felices y llenos de amor.

El siguiente es, afortunadamente, un ejemplo típico. Una de mis oyentes escribió:

"Detesto tener que admitirlo, pero en algún punto del proceso me convertí en una de esas esposas insoportables de las que usted habla y a las que pone en evidencia en su nuevo libro. Me di cuenta de que había estado descuidando a mi esposo. Lo que no había entendido hasta el lunes pasado, cuando la oí hablar de su libro, era que necesitaba un cambio de actitud hacia él. Seguí escuchándola el martes y el miércoles y la oí hablar de las esposas que estaban tan involucradas en esa basura de 'yo y mis necesidades' . . . que ¡sonaban tal como yo! De inmediato pedí el libro y ayer le envié un e-mail a mi esposo:

(El siguiente es el e-mail que envió a su esposo.)

Hoy tengo uno de esos días verdaderamente emocionales. Creo que, por mi parte, he llegado a una conclusión en cuanto a lo que se refiere a ti y a mí. Perdóname. Quise tomarme el tiempo de decírtelo porque no creo que te lo haya dicho lo suficiente. Quisiera decirte por qué te pido perdón. Me arrepiento de no haberme dado cuenta de que me necesitabas más cerca de ti, me arrepiento de haberme dedicado al trabajo voluntario fuera de casa cuando podía haber trabajado como voluntaria con más frecuencia para ayudarte y quererte. Me arrepiento de haber pensado que tenía que salir a salvar el mundo y al mismo tiempo haberme olvidado de dónde estaba el mundo y quién era mi mundo . . . estaba en mi hogar, acostado a mi lado . . . mi mundo eres tú y me olvidé de salvarte. Me arrepiento de haberte criticado a veces, en forma exagerada, y de no haberte sabido escuchar. Siento no haber tomado tu mano y no haber acariciado tus mejillas con más frecuencia. Me arrepiento de no haberme dado cuenta de que estaba en camino a perderte y no en camino a encontrarte. Te pido perdón de antemano por los días en que pude haber perdido de vista lo que es realmente importante para mí. Ayúdame por favor a 'mantenernos unidos' y a mantener unida 'nuestra familia' como el más importante de mis propósitos."

"Cuando llegué a casa, mi esposo tenía los ojos llenos de lágrimas y me dijo que me amaba muchísimo y que haría lo que fuera

por mí y que estaba muy agradecido de que le hubiera dicho que todavía lo amaba. Anoche hablamos con gran sinceridad y ternura, por primera vez en muchos años. De pronto su expresión se tornó más joven y me pareció que sonreía más que nunca.

"Esta mañana, antes de que los niños se levantaran, me tomé el tiempo de decirle 'Gracias'—algo que debí haberle dicho hace mucho tiempo. Él me preguntó '¿Por qué'? y yo le respondí, 'Por soportarme y por ser tan bueno conmigo.' Hoy por la mañana me tomó de la mano y salimos juntos hasta el carro cuando me fui al trabajo, incluso se ofreció a prepararme el almuerzo para llevar a la oficina."

Otra oyente me escribió contando lo rápido que habían cambiado las cosas en su matrimonio:

"He estado casada por dieciséis años, y durante los últimos diez años he sido muy infeliz. No tenemos hijos. Le recé y rogué a Dios que me ayudara a sanar nuestro matrimonio y nada parecía mejorar. Le echaba la culpa de todo a mi esposo. Luego, hace dos semanas, toqué fondo. Llegué a enojarme con Dios.

"Tuvimos una gran discusión sobre algo muy tonto, pero hubo un intercambio de palabras y quedé muy herida. Me refugié en mi actitud habitual de no dirigirle la palabra durante cuatro días. El domingo, mi esposo me notificó que no iría a la Iglesia porque no quería besarme al momento de darnos la paz. ¡Ay! Eso dolió. Después de ir a la Iglesia, fui a caminar y a mirar vitrinas. Sin ninguna razón especial, llegué a la librería Barnes and Noble.

"Entré y ¿¡Adivine con qué me encontré!? Una fotografía de cuerpo entero de usted con su nuevo libro. Vi el título y se me llenaron los ojos de lágrimas—entonces pensé '¿Por qué no? No voy a perder nada leyéndolo.' Fui a casa, cerré la puerta de la alcoba y en el curso de las tres noches siguientes lo leí de principio a fin. Todo comenzó a encajar, todo parecía lógico, y fue calando. Me di cuenta de lo que había estado haciendo. Yo no era amable con mi esposo—trataba mejor a los extraños. Dejé de renegar. Comencé a mostrarme más cariñosa y amable.

"Acepté de corazón todo lo que usted decía y, para cuando ter-

miné el libro (en la tercera noche), ¡¡puede decirse que lo había disfrutado cada momento!! Y es cierto—tal como usted lo dijo: mi esposo está haciendo ahora cosas por mí que no había hecho nunca antes. Ni siquiera tengo que pedírselo—desea complacerme porque yo también lo estoy haciendo feliz. Es increíble—lo único que estamos haciendo es ¡ser buenos el uno con el otro! Sé que vendrán algunos momentos difíciles . . . pero ahora que sabemos tratarnos mejor—estoy segura que todo se resolverá para bien."

Durante una entrevista de radio sobre *Cómo Cuidar y Tener Contento al Esposo,* una oyente que llamó preguntó:"Dra. Laura, usted dijo que si yo hago todo lo que usted dice en su libro, mi esposo comenzará a ser bueno conmigo. Bien, ¿qué pasa si hago todo eso, ya sabe, si me porto bien y soy más amable y todo eso, y él no confía y sigue esperando a que caiga el otro zapato o sea, qué pasa si él piensa que es sólo una manipulación o que no es nada que vaya a durar?"

Antes de que yo pudiera hablar, el presentador del programa dijo, "Señora, si usted lo espera en la puerta, amorosa y seductora, él no va a detenerse ni un segundo a analizar los motivos ni nada por el estilo."

Los hombres están ansiosos de recibir nuestro amor y son muy receptivos cuando se lo damos. No debemos preocuparnos por eso.

La pregunta número 3 está prácticamente explicada en la pregunta número 2. Sin embargo, para mayor precisión y brevedad: nosotras las mujeres debemos "hacerlo" en primer lugar porque tenemos más poder para transformar a nuestros hombres que el que ellos tienen para transformarnos a nosotras. Esa es la simple verdad. Las mujeres tienen el poder en las relaciones con hombres básicamente decentes. "Nadie está contento a menos que mamá esté contenta," es un hecho universal de la vida. Los hombres cambian de estado de ánimo más fácilmente y dependen más de nuestro estado de ánimo que del de ellos, tienden a fijarse menos en los aspectos negativos y en los detalles insignificantes de nuestras relaciones, tienden a perdonar más fácilmente y a ser menos complicados, para ellos es más fácil dejar lo pasado en el pasado, y son más sencillos que nosotras en cuanto a sus necesidades emocionales.

En términos generales ¡eso es lo que nos da a nosotras las MUJERES el PODER! ¿Por qué no habría de querer cualquier mujer saber que tiene el poder de transformar casi de inmediato a su hombre, su matrimonio y su vida? Ese poder es sorprendente. Cuando se utiliza en forma benévola, sensible e inteligente, prácticamente cualquier esposa puede convertir a cualquier esposo en un hombre feliz, amoroso, "dispuesto a dar su vida por su esposa" el tipo de hombre que él quiere ser. Inténtelo. Le gustará.

Ahora es su turno:

Pregunta 4:
¿Cómo mantengo los cambios?

*"Hace meses me di cuenta de que estaba ocasionando proble-
mas entre mi esposo de cuarenta y un años y yo. Cuando usted
habló el año pasado de su libro, antes de que se publicara, supe
que tenía que comprarlo y leerlo. Lo encontré hace una semana
y lo he estudiado durante todos estos días. Lápiz en mano, me
he dado cuenta de que he subrayado gran parte de la información.
Le di la vuelta al forro para que no fuera tan evidente para mi
esposo lo que estoy leyendo. Necesito ESTUDIAR la información y no quiero que se distraiga. Prefiero que note una diferencia en mí.*

*"Al cabo de un par de días, mi esposo me dijo, 'Has estado
más cariñosa.' Esto hizo que mis ojos se llenaran de lágrimas.
Todavía no le he contado acerca del libro, porque me falta mucho.
Me he podido dar cuenta que no es fácil romper los viejos hábitos. El egoísmo y la falta de consideración se han convertido en
algo automático. El capítulo sobre el sexo fue absolutamente
revelador. Imagínese, he estado casada con el mismo hombre durante cuarenta y un años y nunca había entendido sus necesidades. Es un hombre excelente, trabajador y paciente. Sé que me
quiere y espero poder ser una mejor esposa y compañera. Dios la
bendiga. Llevo el libro conmigo en mi cartera para poderlo releer y
repasar.*

*"Pero mi pregunta es: ¿Cómo mantengo los cambios y qué
hago para no volver a los viejos hábitos?"*

En primer lugar, dese una oportunidad. Los cambios no
ocurren todos a la misma vez ni en línea recta. A veces, los viejos hábitos son difíciles de romper. La verdadera prueba del
aprendizaje y el progreso no es la perfección (eso no es posible),
sino el reconocimiento de ese retorno a la persona que se era
antes acompañado de una disculpa para con la otra persona (eso
sí es muy posible).

En segundo lugar, así como se mantienen los viejos hábitos, se van creando otros nuevos. Los hábitos permanecen porque son familiares y ofrecen ventajas. Los malos hábitos ofrecen ventajas simplemente porque la familiaridad produce confort y se perciben ciertas "ganancias." Por ejemplo, consideremos la actitud de rechazar las insinuaciones sexuales de su esposo. Tal vez parezca simplemente más fácil rechazarlas que darse un baño y arreglarse, preguntarse cómo reaccionará él ante su celulitis, llevar un estilo de vida menos agitado que el habitual que, casi siempre, la deja demasiado agotada para cuando llega la noche, y sin deseos de molestarse en satisfacerlo y hacerle saber, por un minuto, que se ha olvidado de que estaba disgustada con él . . . o cualquier cosa por el estilo, y así sucesivamente.

Ahora, el nuevo hábito: responder a las insinuaciones de su esposo e, inclusive, hacer algunas insinuaciones propias, la hará sentir más tranquila en relación con su vida (los orgasmos suelen tener ese efecto); se sentirá más femenina y sensual; se sentirá más unida a su hombre; en términos generales, las contrariedades diarias parecen menos importantes y pierden aún más importancia las que tienen que ver con su esposo; y éste, a su vez, hará todo lo que usted quiera . . . para mencionar sólo algunas de las "ganancias."

Estos aspectos positivos ayudarán a reforzar sus nuevos comportamientos. Le agradecería que se preocupe menos por si lo podrá hacer bien, y se limite a disfrutar en mayor grado la paz y la satisfacción de la vida matrimonial que logrará como resultado.

Por lo tanto piense en las cosas pequeñas y sea constante. Haga una o dos cosas pequeñas de forma distinta durante los primeros días y vaya agregando otras cosas pequeñas uno o dos días después. Tal vez piense que se siente un poco expuesta, vulnerable, o simplemente rara si cambia algunos de sus comportamientos. De ser así, piense que eso es normal y que está bien. Sin embargo, apuesto que esos cambios la harán sentirse tan bien que esa sensación de incomodidad desaparecerá en poco tiempo.

Ahora es su turno:

_____

_____

_____

_____

_____

_____

_____

_____

_____

_____

_____

_____

_____

_____

_____

_____

_____

_____

_____

Pregunta 5:
¿Hay ciertas cosas "típicas" de las esposas que desesperan a los hombres?

"¿Cuáles son las quejas más frecuentes de los hombres acerca de sus esposas?"

A los hombres les duele que sus esposas:

- No tengan, aparentemente, en cuenta sus sentimientos y necesidades.
- Los critiquen e ignoren constantemente.

- No quieran molestarse por agradarles.
- Renieguen, exijan y se quejen—y parezcan comportarse como si tuvieran *derecho* a hacerlo.
- No los hagan sentir verdaderamente necesarios y valiosos *como hombres.*
- No consideren una prioridad el que el hogar sea realmente "acogedor."
- No los traten con respeto.
- No lean *Cómo Cuidar y Tener Contento al Esposo*—algo que los hombres interpretan como si sus esposas no se preocuparan lo suficiente por ellos como para enterarse de cuáles son sus necesidades y satisfacerlas. Los esposos que me han escrito acerca de la negación de sus esposas a leer el libro también interpretan esa resistencia como una hostilidad egoísta básica.

"Fanático ávido," uno de mis oyentes, escribió:

"Antes de ir a casa, me detuve y compré su nuevo libro y le escribí a mi novia una carta diciéndole que si estaba interesada en tener un hogar feliz y pleno de amor, lo leyera. Su madre, que suele entrometerse y detesta a los hombres, le había advertido ya sobre la malvada y siniestra Dra. Laura. No tengo idea si va a leer el libro o si lo va a tirar a la basura. Imagino que tendré que esperar para ver si esas necesidades tan básicas de aceptación comienzan a aparecer o si mi novia desaparecerá.

"A propósito, acabo de descubrir un par de libros que está leyendo en su tiempo libre y que tal vez a usted le interesen: Deshazte de ese Inútil y Dentro de la Mente de un Hombre Iracundo y Controlador."

(Más tarde en este libro me referiré en más detalle a los mensajes de nuestra cultura en contra de los hombres.)

Otro hombre escribió para decir:

"Cuando le conté a mi esposa que había comprado su libro y que quería que lo leyera, se limitó a reírse de mí. No se imagina

*cuánto me dolió esa actitud. Esa noche no pude dormir en abso-
luto. Permanecí despierto en la cama pensando cuánto despreciaba mi esposa mis sentimientos. Ese dolor no me abandona."*

Otro oyente compartió su dolor y escribió:

*"Las mujeres parecen no tener la menor idea de que se están
haciendo daño y nos están hiriendo con sus permanentes juicios
negativos. No sólo no encuentran la llave para entrar al corazón
y al alma de su compañero sino que, de hecho, matan a su pareja. Dios la bendiga por escribir este libro. Mi esposa nunca lo
leerá, de eso estoy seguro. Se puso furiosa de que lo hubiera
comprado para mí. Como resultado, seguirá viviendo en su
mundo, aislada, pensando sólo en mis defectos, haciéndome a un
lado, y aislándose a la vez. Tengo una novedosa comprensión de
que no soy defectuoso, al menos, ahora sé que los defectos no son
sólo míos."*

Estos sentimientos fueron expresados universalmente en las
cartas que recibí de mis oyentes masculinos. No tenía idea de
que fuera tan alto el grado de insatisfacción, desesperación e
infelicidad de los esposos norteamericanos. Con base en la respuesta generalizada de los oyentes, puede decirse que el sufri-
miento de los hombres casados ha sido, sin duda, un secreto bien
guardado. Después de que leí una de esas tristes cartas, ellas co-
menzaron a enviar faxes expresando su compasión . . . y su sorpresa. Jamás pensaron . . . y ese ha sido siempre el problema.

Uno de mis oyentes escribió:

*"Nunca había vuelto a leer un libro, a excepción de los manua-
les técnicos, desde que estaba en la secundaria. Bien, no pude
soltar el suyo hasta que llegué al final. Leerlo me hizo mover
constantemente la cabeza en señal de asentimiento, mirar pensa-
tivo al infinito, una y otra vez y, en un par de ocasiones, el leer
en el libro partes de mi vida descritas por extraños, me hizo llorar. He experimentado mucho del dolor y el rechazo descritos en
varios capítulos de su libro. No, ¡mi esposa no es tan terrible! Su*

libro me hizo darme cuenta de que es posible que ni siquiera haya sabido que estaba haciendo ciertas cosas que considero nocivas. El libro resumió mi dolor por categorías, resumió mis sentimientos por capítulos y me hizo sentir más airado con cada una de sus páginas. No, no pretendo criticar su libro. Mi ira se debió al hecho de estar leyendo sobre las cosas por las que estoy pasando, a través de la vida, las llamadas y los comentarios de otras personas.

"Mi ira se debió a que, mientras leía el libro, esos mismos problemas se estaban haciendo aún mayores, a que la comunicación con mi esposa era cada vez más escasa, a que el sexo con la mujer que amaba con todo mi corazón y con toda mi alma era para ella simplemente otro deber que cumplir.

"Ella ha intentado feminizarme desde que nos casamos y eso se debe precisamente al movimiento feminista y a la influencia de sus amigas (casi todas divorciadas) y a la basura de los programas de televisión que se refieren a lo que la mujer debe ser y a cuál debe ser el papel del hombre.

"Gracias, Dra. Laura, esta noche le daré su libro a mi esposa. Si es la mujer que sé que es, el libro cambiará nuestras vidas. Es posible que se requiera algo de tiempo para revertir el lavado de cerebro al que ha estado sometida durante toda su vida, pero tengo la sensación de que este libro romperá el hielo."

A propósito, este oyente firmó su carta: "Sólo Otro Hombre Enamorado de su Esposa," créanlo o no, no recibí ni una de las otras cartas de "quejas" que dijera lo contrario. Como perros fieles, por todos los cielos, esos hombres nos aman por poco que reciban de nosotras. Esa es una de las realidades que hace que resulte fácil para las esposas poder "cambiar la marea" unilateralmente en sus hogares para que dejen de ser campos de batalla y se conviertan en hogares cálidos y amorosos.

Pero antes de que las mujeres lleguemos a sentirnos adecuadas y excesivamente seguras, los hombres expresan también el siguiente sentimiento: tal vez nos "quieran" pero no siempre les "gustamos." Por consiguiente, olvidan la fecha del aniversario o la del cumpleaños.

En realidad, la mayoría de los casos de "olvido" son intencionales. Consideremos esta carta que recibí la víspera de San Valentín:

"Voy por la mitad de su libro y estoy realmente sorprendido de ver que usted me entiende mejor de lo que yo lo hago. Sin embargo, aunque nunca, ni en un millón de años, consideraría la posibilidad de divorciarme, me atormenta la pequeña idea de que valgo más y que merezco algo mejor.

"Llegué a casa anoche e hice todo lo que pude por satisfacer a mi esposa, pero al final de la noche, después de que había arreglado el comedor y la habitación de los niños, después de que llevé a los niños a la cama, lavé los platos, hablé de nuestro ajetreado día—no del nuestro—del de ella, me volvió a rechazar porque su mundo no era tan perfecto como una pintura y ella simplemente no estaba de humor para hacerlo.

"Por lo tanto, hoy cuando estaba a punto de salir de casa, besé a los niños y le dije adiós a todos. Pude observar que mi esposa no tenía una expresión muy agradable en su rostro. Le pregunté '¿Qué pasa, querida?,' ella respondió '¿No me vas a dar un beso antes de irte?' le dije 'Te merecerás un beso cuando yo me merezca cierta intimidad física con la mujer a la que llamo mi esposo.'

"Me miró muy mal.

"Dra. Laura, estoy tan frustrado que quiero golpearme la cabeza contra un muro de concreto, y lo peor de todo es que ella sólo habla de lo que vamos a hacer para el día de San Valentín—le respondí, '¡Al diablo con el día de San Valentin!'"

Creo que muchas mujeres no pretenden herir intencionalmente a sus esposos. Sin embargo, me doy cuenta de que son demasiadas las esposas que olvidan que muchos de sus comportamientos con sus esposos son hirientes. Sostengo que las mujeres han sido víctimas de un lavado de cerebro increíblemente negativo con relación a su papel y a sus relaciones con los hombres, estoy segura que, de hecho, no se dan cuenta de sus obligaciones, sólo de como defenderse. Las mujeres se preocupan más por cumplir con lo que la sociedad les ha dicho que debe ser su único papel: el dinero + adquisición + posición + independencia = PODER. Se les ha dicho que sin poder se verán oprimidas, tendrán que comportarse de manera servil, insignificante, ser utilizadas e inútiles. Es evidente que este concepto de PODER no incluye el poner el corazón en constituir un hogar, en satisfacer a un esposo y a unos hijos. La noción de PODER hace que las mujeres no PUEDAN lograr la verdadera satisfacción en sus vidas personales.

Ahora es su turno:

Pregunta 6:
¿Qué hacer cuando los hombres quieren que los satisfagan?

"¿Cuáles son las principales necesidades de los hombres?"

Los hombres desean que sus esposas:

- Los necesiten.
- Los admiren.
- Los deseen.
- Respeten el hecho de que, para sentirse como un hombre, éste tiene que proveer para su hogar y proteger a su familia.
- Les demuestren aprobación, aprecio y afecto.
- No los hagan sentir como si ser un "hombre" o tener actitudes "masculinas" fuera equivalente a tener alguna deformación.
- Respondan al contacto físico y al afecto y se sientan satisfechas y amadas (no, señoras, los hombres no son sólo "bastardos cornudos").

Traté este aspecto con una mujer que llamó abrumada por su estilo de vida y deseosa de saber qué podía hacer para que su esposo dejara de importunarla con el sexo.

"Es cierto que me agrada el sexo, pero lo que pasa es que él lo quiere a todas horas."

"¿Siempre? ¿Con qué frecuencia hacen el amor?"

"Oh, no sé, más o menos dos veces por mes. Pero no deja de importunarme al respecto."

"Hagamos un ensayo. Voy a hacerte una pregunta, pero no debes darme ninguna respuesta. Veamos qué ocurre entre nosotras."

Luego le pregunté la hora, nada más. Al no obtener respuesta, me torné repetitiva, fui subiendo cada vez más el tono de la voz para lograr una respuesta.

"¿Qué acaba de pasar?," le pregunté.

"Ya entiendo. Cuando no se obtiene una respuesta, va aumentando la insistencia y la desesperación por tratar de obtener una reacción."

"¡Bingo! Si intentaras seducirlo . . . dejaría de quejarse. Si fueras amorosa y supieras responder a sus insinuaciones de 'Ven para acá' . . . dejaría de quejarse. Aunque no lo creas, eres tú quien, al rechazarlo, estás fomentando sus quejas. Tú tienes el poder de hacer que esas quejas desaparezcan. Él no te está pidiendo 'que lo hagas' todo el tiempo, a pesar de las bromas acerca de que los hombres nunca quedan satisfechos. Lo que él quiere es que lo desees. Cuando se sienta deseado 'de esa forma,' se mostrará menos compulsivo por tratar de obtener de ti lo que quiere. ¿Entiendes? Te necesita—de eso se trata el sexo—de ¡tenerte!

Otro de mis oyentes escribió:

> *"¿Sabe por qué la mayoría de los esposos mueren antes que sus esposas? ¡porque ESO ES LO QUE QUIEREN! He contribuido de manera significativa al campo de la profesión que elegí y gozo de renombre a nivel nacional, he sido presidente de una organización profesional con 25.000 afiliados. He obtenido premios, placas y certificados para llenar toda una habitación. He dictado conferencias en más de treinta y cinco estados . . . y para mi esposa, nunca fue suficiente ni lo bastante bueno. Habría renunciado a todo sólo para oír de ella una palabra amable de aprecio o por recibir cualquier tipo de reconocimiento de la única persona que significa todo para mí, mi esposa."*

No me cansaré de repetir que, con respecto a su bienestar emocional, los hombres tienen necesidades muy sencillas. Si aún no me cree, haga esta simple prueba: acérquese a su esposo cuando esté en su mejor estado de ánimo. Tómele la cara con las manos. Dele un beso en la punta de la nariz y uno en cada mejilla. Dígale que piensa que es "un hombre magnífico." Fíjese lo que ocurre en sus ojos. Entonces lo sabra.

Ahora es su turno:

_____

_____

_____

_____

_____

_____

_____

_____

_____

_____

_____

_____

_____

_____

_____

_____

_____

_____

_____

_____

_____

_____

_____

Pregunta 7:
¿"Simple" significa "estúpido"?

"¿No es un insulto para los hombres decirles que son simples?"

¡En absoluto! En casi todas las miles de respuestas de hombres que recibí mientras preparaba *Cómo Cuidar y Tener Contento al Esposo,* lo pude confirmar. Los hombres no son complicados en el sentido emocional. Son bastante constantes en sus actitudes y su temperamento. Se centran en lo concreto. No pierden el tiempo "rumiando" acerca del tono de voz en el que sus esposas les hicieron algún comentario. No analizan en exceso los acontecimientos, las acciones ni las palabras—a menos que les paguen por hacerlo. No son exageradamente sensibles. Son bastante prácticos, no emotivos.

Piénselo. ¿Cuándo fue la última vez que escuchó una historia acerca de un suegro difícil? ¿Cuándo fue la última vez que oyó una historia acerca de un problema entre un suegro y su yerno? Recuerdo cuando mi hijo estaba en primer año de primaria. Pensé "¡que excelente pregunta!" Le pregunté cuál era la diferencia entre como pelean las niñas y como pelean los niños. Nunca olvidaré su respuesta: "Bueno, mami, cuando las niñas se disgustan una con otra, hacen que las demás se disgusten también y siguen disgustadas para siempre. Cuando los niños se disgustan uno con otro, se gritan y pelean y, luego, se les olvida y siguen en sus cosas, y van a jugar con un balón."

Eso es lo que quiero decir cuando me refiero a que son "simples." El hombre decente, básico, es siempre alguien fácil de tratar. Tal vez sea por eso que lo descuidamos.

Le agradecería que se tomara el tiempo de pensar en lo simples que son las necesidades de su hombre y cómo se centran en que usted lo aprecie, lo apruebe y lo respete y cómo puede proponerse satisfacer esas necesidades. Tómese el tiempo para pensar exclusivamente en su esposo.

Lo que me preocupa es que no hay muchas mujeres que se hayan esforzado por hacerlo. En un evento reciente en el que autografié libros, cuando se me aproximaban las parejas le pedía a la esposa que me dijera algo maravilloso acerca de su esposo. Aproximadamente el 85 por ciento de las mujeres se refirió de inmediato a alguna característica agradable. En cuanto a los hombres, pude ver que a todos se les llenaban los ojos de lágrimas casi de inmediato y esta reacción iba acompañada de una gran sonrisa.

El 15 por ciento restante vacilaba un momento o hacía un comentario genérico, como "Juega al golf, practica natación y le gusta correr," en cuanto a los hombres, pude ver que sus ojos se llenaban de lágrimas casi inmediatamente pero no había sonrisa.

Fue algo triste e incómodo de observar. No creo que estas mujeres intentaran conscientemente humillar a sus hombres, ni de decepcionarlos en ninguna forma. Simplemente pienso que nunca se habían tomado el tiempo de pensar cuáles eran las buenas cualidades de sus esposos.

Ahora es su turno:

Pregunta 8:
¿Hay algo que pueda hacer para que mi actitud sea más positiva?

"¿Cuál es el principal error que comenten las esposas en cuanto a lograr la felicidad en sus matrimonios?"

Cultivan la negatividad. Desafortunadamente, es mucho más común en las mujeres revivir y fermentar sus propias decepciones, disgustos, molestias, iras, etc. Es más normal en las mujeres que en los hombres repasar en sus mentes, una y otra vez, *ad infinitum,* "las cosas malas" y las comenten una y otra vez con sus madres, con sus hermanas, con sus amigas, con sus compañeras de trabajo, con sus vecinas, en sus grupos sociales—¡inclusive en clubes literarios! Al hacerlo, refuerzan su actitud negativa y crean y perpetúan una mala actitud—una que, a la postre, se convierte en un derecho para no comportarse de forma especialmente amable.

Una de mis oyentes escribió:

"Me he comportado de forma terrible con él, por mi actitud—siempre reclamándole algo, nunca satisfecha con nada de lo que haga o diga, siempre centrada en lo que no hace y no dice. El escucharla me ha abierto los ojos—gracias."

Ahora es su turno:

_____

_____

_____

_____

_____

_____

_____

_____

_____

Pregunta 9:
¿Por qué es tan importante "la actitud"?

"¿Qué quiere decir con tener la actitud correcta?"

La "actitud" tiene que ver con creer que su compañero tiene en su corazón los mejores intereses—y devolverle ese favor. *No* se trata de permitir que los sentimientos y las actitudes de amor queden sofocados por los inconvenientes y contrariedades de la vida diaria. Se trata de concederle el beneficio de la duda. Se trata de atesorar los momentos y vivir para el bienestar del otro, y apoyarse en la felicidad de dar y la bendición de recibir a cambio.

Ahora es su turno:

_____

_____

_____

_____

_____

_____

_____

_____

_____

_____

_____

_____

_____

_____

_____

_____

_____

_____

_____

_____

_____

_____

_____

_____

Pregunta 10:
¿Por qué culpar a las mujeres?

"¿Por qué escribió este libro atacando a las mujeres?—¿No tienen igual responsabilidad el esposo y la esposa por la calidad del matrimonio?"

¡Claro que sí! Sin embargo, considero que, con respecto a las relaciones, las mujeres son las líderes naturales.

Si alguna vez ha estado en una casa, sabrá que antes de poder bombear el agua hay que cebar con agua la bomba. Cuando esto se hace correctamente, el agua sale con fuerza. Las esposas son esa primera agua que se requiere para hacer funcionar la bomba, que representa a los esposos. En vez de competir y medir, las mujeres deben aceptar el poder que tienen para transformar sus hombres, sus matrimonios y sus vidas.

Una mujer muy inteligente escribió:

> *"Ahora sé que el tóxico mensaje feminista que sostiene que 'Fuimos creadas para ser iguales a los hombres,' es extremadamente dañino y contradictorio. Dios nos quiere por igual, pero nos creó diferentes. Nos creó para ayudarnos y cooperar en nuestro mutuo desarrollo, y para que seamos un equipo."*

Ahora es su turno:

_____

_____

_____

_____

_____

_____

_____

_____

_____

_____

_____

_____

_____

_____

_____

_____

_____

_____

Pregunta 11:
Y bien ¿qué se supone que deban hacer los hombres por nosotras?

"Dra. Laura, ¿piensa escribir un libro para los hombres sobre cómo cuidar y tener contenta a la esposa?"

No—francamente, no lo considero necesario. Los hombres pasan toda su vida bajo la tutela de las mujeres. El problema terrible son las lecciones que han venido aprendiendo de todas esas mujeres. De demasiadas madres, que los sacrificaron al cuidado de las guarderías o de las niñeras por dedicarse a una carrera y así aprendieron que realmente no eran importantes. De las mujeres que estuvieron dispuestas a abortar a sus bebés porque . . . así lo quisieron y pudieron hacerlo . . . aprendieron que realmente no eran importantes. De las mujeres que quedaban embarazadas y no se casaban con los "padres" y negaban a esos hombres el acceso a sus bebés, aprendieron que realmente no eran importantes. De las mujeres que recurrían a donantes de esperma y criaban hijos por sí solas, aprendieron que realmente no eran importantes. De las esposas que prestaban más atención a la opinión de sus madres que a la de sus esposos, aprendieron que realmente no eran importantes. De las novias que aceptaban acostarse con ellos y tener sexo sin el vínculo matrimonial, aprendieron que ser un hombre no tenía nada que ver con el honor y la responsabilidad, sino que sólo era diversión.

Los hombres aprenden día tras día . . . el problema está en saber si esas lecciones son buenas para las mujeres, los hombres y los niños de nuestra sociedad.

Como mujeres tenemos que aceptar la responsabilidad de la forma como criamos a nuestros hijos y como presentamos la "vida de la mujer adulta" a los hombres en nuestras vidas. Cuando, por ejemplo, "las niñas decentes no lo hacían" los muchachos sabían que había grandes valores e ideales que buscar. Cuando se esperaba que los hombres fueran el sostén de sus familias, se esforzaban por demostrar que tenían las cualidades necesarias para pedir la mano de una buena mujer.

Si queremos que el hombre se esfuerce por alcanzar una meta en compañía de su mujer, conviértase usted en esa alta meta que él debe alcanzar. Si, por ejemplo, quiere que trabaje y se esfuerce por sacar adelante a la familia, dígale cuánto le agradece saber que puede contar con él. ¡Contemple *su* enorme satisfacción!

Ahora es su turno:

Pregunta 12:
¿Quiere insinuar que no tengo suficientes responsabilidades como esposa?

"¿El tener realmente el PODER no representa una carga para las mujeres?"

Esa es una forma interesante de considerar el poder. ¡Yo lo veo desde un punto de vista totalmente opuesto! Las mujeres soportan la carga de una sociedad que les exige ser independientes, exitosas, poderosas y no estar sometidas a la responsabilidad de cuidar a los hijos y al marido y tener que atender el hogar. Como lo señaló la revista de *The New York Times* en noviembre de 2003 (¡sorpréndanse!), las mujeres de éxito, con una gran dosis de poder, estaban renunciando a todo, porque el significado más hondo de sus vidas y su mayor satisfacción proviene de su hogar, del calor de la familia, los hijos y el esposo. *La verdadera naturaleza de la mujer es dar amor;* eso no debe negarse. Cuando las mujeres se encuentran abrumadas por el dolor, la desesperanza y no saben que hacer con un matrimonio y una familia fracasados . . . no hay carga más pesada.

Intento ayudar a las mujeres a que se den cuenta de que, de hecho, tienen una gran influencia en la calidad de sus vidas y de sus matrimonios. Las mujeres son únicas en cuanto a esa capacidad. A través de la historia, las familias resuenan a la misma frecuencia que produzca la mujer del hogar. Lo que la mujeres acepten o rechacen envía un claro mensaje a los hombres acerca de los límites de sus comportamientos si desean disfrutar de ese afecto y esa admiración de parte de sus mujeres. Quiero reafirmar el poder que tienen las mujeres para transformar sus hombres, sus maridos y sus vidas. Ese poder no es una carga—es una bendición.

Pienso que dentro de las familias y de las relaciones, las mujeres son las líderes naturales. Las ideas y técnicas presentadas en *Cómo Cuidar y Tener Contento al Esposo* son simples y agradables. Qué bendición para las mujeres saber que son ellas quienes tienen principalmente el control de su propia felicidad. Mi trabajo consiste en eliminar sus prejuicios que son los que obstaculizan el camino. ¡El poder transformar su hombre en una persona amorosa, esa es, de por sí, la recompensa!

Ahora es su turno:

Pregunta 13:
¿Dónde estaba yo cuando repartieron el manual para el manejo de los esposos?

"¿Han malinterpretado siempre las mujeres a los hombres?"

No. Hubo un tiempo, en la generación de nuestros abuelos, en el que los hombres no eran considerados como un imperio maligno, como la fuente de todas las desgracias y de la ausencia de logros e infelicidad de las mujeres. Las madres enseñaban a sus hijas acerca del "ego masculino" y "las artimañas femeninas" con el fin de que estuvieran mejor preparadas para manejar sus vidas matrimoniales y educar a sus hijos. Servir al hombre no se consideraba como una tarea que disminuyera a la mujer, como tampoco se percibía el que el hombre sirviera a la mujer como algo que lo demeritara. Se concebía universalmente como la forma amorosa de comportarse.

Los tiempos han cambiado—pero las necesidades de hombres y mujeres y las realidades de la polaridad masculina-femenina no cambian. Ahora encuentro mujeres recién casadas que llaman para consultar sobre "un dilema" que se les ha presentado porque les han ofrecido un excelente trabajo a cuatro estados de distancia de donde trabaja su esposo.

"¿No debería maximizar mi potencial? ¿No debería él estar dispuesto a permitirme aceptar este trabajo, si me ama? ¿Debo dejar que mi esposo decida mi futuro? ¿Se supone que debo renunciar a mis sueños?" Estas son las típicas preguntas de hoy. Debido a la gran influencia de los "derechos" de la mujer, muchas mujeres se han confundido entre tener que tomar una decisión adulta (y entender que eso significa renunciar a algo más) y no entender que las promesas, el compromiso, el honor y la buena voluntad son elementos tan importantes como un ascenso laboral, si no más importantes que éste. Desafortunadamente, es una actitud que parece presentarse inclusive con menores de edad, niños dependientes. Hasta ese punto ha llegado la tendencia a liberar a la mujer de sus responsabilidades a favor de su "potencial."

¿Significa esto que no crea que las mujeres deban tener sueños, profesiones, empleos, aficiones, etc.? ¿Bromea? ¡Míreme! Sin embargo, soy el modelo de cómo se pueden abarcar los sueños junto con la amorosa obligación de cuidar a la familia. Cuando "nos" casamos, ya no se trata de "mí", se trata de "nosotros."

Ahora es su turno:

Pregunta 14:
¿No es cierto que los hombres no piensan más que en sexo, sexo, sexo?

"¿Cuál es el más equivocado de los conceptos que tienen las mujeres acerca de la masculinidad?"

El pensar que las necesidades sexuales del hombre hacia la mujer son puramente físicas. Tal vez sea así en sus fantasías y con respecto a las mujeres solteras, pero en lo que tiene que ver con su esposa, esas necesidades representan el amor que ella le da, su vínculo con él, su aceptación y la forma como él la desea. Cuando se ve constantemente rechazado, se produce un efecto nocivo en su autoestima, en su felicidad y aún en su deseo de vivir.

¿No me cree? Lea lo siguiente:

"Se me salieron las lágrimas al oírla hablar en su programa acerca de su libro Cómo Cuidar y Tener Contento al Esposo. *He tenido que soportar esta situación por más de veinticinco años. Creo que mi esposa no ha iniciado el contacto sexual más de veinticinco veces en los últimos treinta y cinco años. Hemos estado casados por más de cincuenta años. En los últimos quince años nunca me ha tocado físicamente, nunca me ha besado, nunca me ha dicho una palabra tierna, nunca hemos tenido sexo. Se acabó el matrimonio. No sé qué hacer. Ahora tengo setenta y cinco años y he perdido todo este tiempo, estoy viejo y amargado, y se me llenan los ojos de lágrimas mientras le escribo. Le agradecería no usar mi nombre porque me da mucha vergüenza."*

¿Vergüenza de haber cumplido con sus obligaciones conyugales a pesar de que su esposa lo trata como algo incidental? La que debería estar avergonzada es ella. Me pregunto ¿cuántas de ustedes están casadas con este tipo de hombre?

Ahora es su turno:

_____

_____

_____

_____

_____

_____

_____

_____

_____

_____

_____

_____

_____

_____

_____

_____

_____

_____

_____

_____

_____

_____

_____

_____

_____

_____

Pregunta 15:
Si gano más dinero que él ¿soy yo "el hombre"?

"¿Cómo puede una esposa lograr que su esposo sienta que es el proveedor y el protector del hogar cuando también ella trabaja, y gana lo mismo o inclusive más dinero que él?"

Los matrimonios en los que la mujer domina en el "poder externo" (dinero y posición) tienen una fragilidad inherente. En esta situación, las mujeres tienden a sentirse superiores y a no tener en cuenta a sus esposos. Sin embargo, cuando es el hombre quien gana más dinero, o es el único que trabaja, es menos probable que se presente esa actitud de superioridad y desprecio, porque los hombres siempre se han sentido *orgullosos* de ser los proveedores de su familia, no es algo por lo que sientan *desdén*. Claro está que, con los llamados tiempos cambiantes, se les ha enseñado a los hombres que ya no tienen la responsabilidad de "proveer"—lo que ha dado lugar a la alarmante tendencia de muchos hombres a amenazar a sus esposas con el divorcio cuando ésta decide que es mejor para la familia quedarse en casa para criar a los hijos. Escalofriante—pero sólo demuestra en qué forma la liberación femenina liberó a los hombres del sentido de definición de la hombría y, junto con esto, del sentido de responsabilidad personal, moral y social.

Una esposa que solía ser una madre que permanecía en casa y que se vio obligada a trabajar fuera de la casa debido a que su esposo fue despedido del trabajo, escribió:

"Estoy trabajando tiempo completo y manejando mi negocio fuera de casa. Al cabo de unas pocas semanas, comencé a sentir la presión de ser la principal fuente de ingreso financiero de la familia.

"Fue como si se me hubiera encendido una bombilla en la mente, y pensé . . . ¡Increíble! Así es como él se siente todos los días del año. He probado una pequeña muestra de lo que sucede en la mente de mi esposo y lo agradezco sobremanera porque creo que cuando él vuelva a trabajar, entenderé las cosas que tienen que

ver con él, cosas como . . . cuánto me gusta volver a casa y disfrutar de mis hijos sin tenerme que preocupar de ayudar con las tareas domésticas; y lo bueno que es no tener que ir al supermercado de camino a casa a llevar algunas cosas ni preocuparme por preparar la comida, o por saber si habrá algo para cenar cuando llegue a casa.

"Cuando vuelvo del trabajo en las noche y él me recibe en la puerta con el bebé agarrado de su mano, me da un beso y veo que la casa, al igual que el bebé están razonablemente arreglados y limpios, me siento como si pudiera dejar de ser el 'verdugo de los dragones' para comenzar a comportarme como esposa y madre. Quiero recordar esto y ofrecerle a él un hogar al que le agrade regresar en las noches sin tener que preocuparse tanto porque haya comida caliente en la mesa.

"Mientras me encontraba en medio de todo este cambio, leí Cómo Cuidar y Tener Contento al Esposo. *Qué punto de vista tan excepcional tuve mientras lo leía. Pienso en mí, atendiendo a mi esposo como debería hacerlo y luego pienso en cómo me agrada recibir estos cuidados ahora que se han invertido los papeles. En realidad creo que 'recorrer una milla en sus zapatos,' por más que suene como un cliché, me ha ayudado a entender algunos de sus sentimientos y necesidades. No conozco a muchas que estén dispuestas a admitirlo, pero de verdad pienso que los hombres tienen que sentirse seguros y aceptados por sus esposas en sus hogares, para poder ser buenos esposos y padres."*

¡Sí! De eso se trata, precisamente. Nosotras, con nuestro poder de mujer, somos las que civilizamos y transformamos a los hombres haciéndolos cambiar de "varones" a esposos y padres.

Las mujeres que optan por permanecer en la fuerza laboral competitiva, deben asegurarse de encontrar la forma de permitir que sus esposos experimenten también la sensación de ser "proveedores y protectores" y que sientan que ellas los disfrutan. Por ejemplo, hacer que su esposo se ocupe de las finanzas; nunca echarle en cara el dinero que gana; asegurarse de mostrar un interés positivo en sus esfuerzos; pedirle sugerencias concretas para llevar a cabo el trabajo; aunque usted tenga sus propios ingresos,

encontrar formas de demostrarle que su contribución es importante para usted y para la familia.

Sin embargo, francamente, sigo pensando que son muchas las
mujeres que se han convencido del ideal feminista de la mujer
que quema la vela por los dos extremos, y lo tiene todo a la vez:
el trabajo, la escuela, el hogar, la maternidad y el matrimonio.
Sigo sosteniendo que cuando una mujer pierde la conexión con
su feminidad, y con la protección y el apoyo de su hombre,
pierde demasiado en su vida y le roba a él gran parte de la suya.

Ahora es su turno:

_____

_____

_____

_____

_____

_____

_____

_____

_____

_____

_____

_____

_____

_____

_____

_____

_____

_____

_____

_____

Pregunta 16:
¿No está idealizando demasiado a los hombres?

"Hace poco comentó en su programa de radio que las mujeres abusan de los hombres. Hablaba de las camisetas que se venden con letreros que dicen 'Los Muchachos Son Estúpidos,' y acerca de las mujeres que no son amables con sus esposos. Aunque me parece que esa actitud es de mal gusto, también creo que, a veces, usted tiene una posición muy sesgada a este respecto—sobre todo ahora que su libro ha sido publicado . . . un libro que ya compré y me encantó.

"No soy una feminista furibunda. Soy una mujer negra de veinticinco años y me considero muy centrada en la realidad. Aunque dos errores no producen un acierto, la ira que algunas mujeres sienten hacia sus hombres no es del todo injustificada. Muchos hombres son verdaderamente irrespetuosos con las mujeres en general. Muchos sienten un intenso y profundo desprecio por las mujeres. El complejo de superioridad de muchos parece algo casi innato y extremadamente evidente. Amo a los hombres, y los aprecio mucho, pero ellos no parecen pensar que las mujeres sean interesantes a menos que se relacionen con ellas o tengan un interés laboral o amoroso. A medida que crecemos se nos enseña que debemos aceptar que los hombres son así y que tenemos que desarrollar hacia ellos actitudes de amor, sin importar cómo nos traten. (A propósito, tengo un excelente novio que estaría dispuesto a 'nadar por aguas infestadas de tiburones para comprarme una limonada.')"

El que haya algunos hombres que son verdaderos patanes (y a propósito, también algunas mujeres se comportan así) es un hecho que dejo muy en claro en mi primer libro, *Diez Cosas Estúpidas que Hacen las Mujeres para Dañar sus Vidas.* Es evidente, como lo indico en *Cómo Cuidar y Tener Contento al Esposo,* que no son esos los hombres que tenemos que traer a casa.

¿Se supone que decir que los hombres que no dedican mucho tiempo a las mujeres con las que no están casadas, con las que no están saliendo o con las que no tienen ninguna relación, tampoco laboral . . . es una crítica? Los hombres están muy orientados hacia la tarea que tienen entre manos, y, por lo general, sus relaciones tienen un "propósito." Ninguna mujer lo debe tomar como algo personal. Por lo general, cuando se trata de "pasar el rato," los hombres prefieren buscar a sus amigos. Pero, para ese efecto, ¿no actuamos así nosotras?

Ahora es su turno:

Pregunta 17:
¿No es cierto que los hombres buenos se quedan para el final?

"¿Por qué hay mujeres que cuidan y tienen contento al patán? ¿Cómo pueden algunas mujeres esforzarse y derramar muchas lágrimas por hombres abusivos, y en cambio, a los que son buenos les dan las sobras de su afecto y su atención? ¿Qué debe hacer un hombre en esa situación?"

Para empezar, las mujeres que dedican su tiempo y su vida a los patanes no tienen buena salud psicológica. Esas relaciones reemplazan el proceso de crecer, de aceptar la responsabilidad, de enfrentarse a los conflictos internos y son una forma de escapar de los miedos o los problemas, de enterrarse en el drama del momento, y así sucesivamente. Generalmente se encuentran con "hombres buenos," pero están tan confundidas, tan lesionadas o tan asustadas que socavan esas relaciones porque "saben" que "no saben" cómo comportarse en una relación sana. Por lo general abortan una relación potencialmente normal encontrando defectos en el hombre "bueno" y sin embargo no le prestan mucha atencion a los defectos del hombre "malo."

Como lo indiqué en mi libro, *Diez Cosas Estúpidas que Hacen los Hombres para Dañar sus Vidas,* cuando un hombre decide rescatar a una damisela de un dragón, y el dragón es ella misma, él termina con una damisela en desgracia—por lo general, para toda su vida. Si no la puede motivar a buscar la ayuda que necesita para ayudarse a sí misma, debe alejarse deprisa a la mayor distancia que le sea posible.

Ahora es su turno:

_____

_____

_____

_____

_____

_____
_____
_____
_____
_____
_____
_____
_____
_____
_____
_____
_____
_____
_____
_____
_____
_____
_____

Pregunta 18:
¿Qué va a impedir que los hombres utilicen este libro para "recibir sin dar"?

"Para un esposo perturbado, que tenga una esposa que lo descuida, en la forma como usted lo describe, este libro representa un salvavidas. ¿Le preocupa que algunos puedan utilizarlo como un mazo para golpear a sus esposas? De ser así, ¿qué recomendaría?"

Es posible que ese aspecto me haya preocupado antes de recibir la reacción de los miles de hombres que sienten un miedo mortal de acercarse a sus esposas con este libro. La pregunta más frecuente que me hicieron fue, "¿Cómo lograr que mi esposa lea el libro sin que se disguste conmigo más de lo normal?" ¡¿Puede haber algo más triste?!

No obstante, si este es el caso, recomiendo que la esposa acepte leerlo con su esposo para que ambos puedan comentar cada punto—aún si ella tiene que hacerlo con el pretexto de recibir la opiniones y reacciones de su marido sobre los distintos puntos que se analizan en el libro. El libro señala claramente, en cartas recibidas de hombres, que los hombres se transforman . . . por lo tanto, ¡él tendrá que transformarse si tanto cree en el libro! El comportamiento básico de leer el libro entre los dos da como resultado un "nosotros" y no un "ella."

Sólo he recibido una llamada (esto es cierto, no es broma) de una mujer que describió este problema: "Siempre se ha comportado verbal y psicológicamente abusivo conmigo. Ahora que ha leído su libro, lo está usando como munición."

"Señora ¿por qué ha permanecido unida a un hombre abusivo?"

"Tengo que tener oxígeno permanente porque me encuentro en un estado terminal de enfisema."

"Entonces, aprenda a ignorarlo."

¿Qué más podía decirle?

Ahora es su turno:

_____
_____
_____
_____
_____
_____
_____
_____
_____
_____
_____
_____
_____
_____
_____

_____
_____
_____
_____
_____
_____
_____
_____
_____
_____

Pregunta 19:
Soy una persona soltera. ¿Qué me ofrece este libro?

"¿Tiene alguna importancia este libro para las personas solteras?"

Claro que sí. Creo que a medida que se llega a la edad adulta y se buscan buenas relaciones, es importante entender los problemas entre hombres y mujeres. Unos y otras deben conocer qué es sano y razonable y qué tipos de comportamientos deben ser rechazados, junto con el individuo, si fuera necesario.

Ahora es su turno:

_____
_____
_____
_____
_____
_____
_____
_____
_____
_____
_____

_____

_____

_____

_____

_____

_____

_____

_____

_____

_____

_____

_____

_____

_____

_____

_____

_____

_____

Pregunta 20:
¡Hasta su título es políticamente incorrecto!

"¿Qué la hizo decidirse a escribir este libro en primer lugar?"

Este libro se escribió en respuesta a muchas llamadas al programa de esposos que se sentían sencillamente torturados por la indiferencia y la actitud rencorosa de sus esposas, y a las llamadas de esposas que habían perdido el contacto con la razón por la que se casaron en primer lugar, y trataban a sus esposos de forma inaudita . . . al parecer, sin darse cuenta de su comportamiento ni aceptarlo cuando las hacía caer en cuenta de lo que estaban haciendo.

Hace poco me llamó una mujer que quería preguntar si debía perforarle las orejas a su hija. Su esposo quería hacerlo y ella se oponía. Ese simple hecho me intrigó. Parecía que debería ser lo contrario. Cuando le pregunté por qué se oponía, me dijo que era porque le estarían imponiendo esto a una niña que no tenía edad suficiente para decidir por si misma y podría tener problemas al respecto cuando fuera mayor.

"¿Bromea? ¿Que una niña tenga problemas por lucir joyas? ¿Qué es lo que realmente ocurre?"

Insistí e insistí, hasta que por fin, me dijo la verdad.

"Mi madre me dijo que era una mala idea y que no lo debía hacer."

"A ver si la entiendo bien. Antes de conocer la opinión de su madre ¿tenía usted algún problema con la idea de perforarle las orejas a su hija?"

"No, realmente no."

"¿Teme, hasta cierto punto, la forma como pueda reaccionar su madre si decide actuar en contra de su opinión?"

"Sí, imagino que así es."

"Pero, ¿no teme cuál pueda ser la reacción de su esposo al decirle que 'no'?"

"Sí, si temo eso."

"¿De veras?"

"No, realmente imagino que no."

"Entonces la situación es ésta. Se siente intimidada por su madre y, por esa razón, está dispuesta a desafiar a su esposo y a no tener en cuenta sus opiniones y sentimientos en su propio hogar acerca de algo que se relaciona con su propia hija. ¿Cómo puede obrar así?"

Tuve que repetírselo varias veces antes de que "lo entendiera."

No se trata de que ella, y la mayoría de las mujeres/esposas, en ese caso, sean malas personas. Lo que ocurre es que la mayoría no ha abierto los ojos para entender la necesidad de tener en cuenta las opiniones, sentimientos y deseos de sus esposos. Tienen un vinculo más estrecho con sus madres, sus amigas, y las revistas femeninas—que, casi en su totalidad, consideran que los hombres son un mal necesario.

Ahora es su turno:

_____

_____

_____

_____

_____

_____

_____

_____

_____

_____

_____

_____

_____

_____

_____

_____

_____

_____

_____

_____

_____

_____

_____

_____

_____

_____

_____

_____

_____

_____

Pregunta 21:
¿Se supone que debo ser una prostituta cuando se me pida, pero sin paga?

"¿Por qué he de hacer el amor siempre que él quiera si no lo deseo? ¿Por qué he de estar obligada a hacer el amor sólo porque él lo desea?"

El tema de la intimidad sexual es tal vez uno de los problemas más discutidos de los matrimonios. El mostrarse desinteresada ocasionalmente por razones de estrés, enfermedad, agotamiento, estado emocional, etc., es parte normal, natural y comprensible de la vida.

El jugar una y otra vez el juego de "No estoy de humor," o entregarse a la inercia y el aburrimiento que provienen de centrarse en uno mismo, no es parte normal, natural, comprensible ni aceptable de la vida matrimonial.

Me llaman las mujeres con todo tipo de excusas por las que no quieren hacer el amor; muchas son excusas razonables. ¿Y qué? Siempre el resultado final es (a) un rechazo nocivo e hiriente a esposo, (b) la pérdida de oportunidades para aliviar el estrés, (c) la pérdida de oportunidades para reenergizar la relación con un placer extremo, (d) la insatisfacción del esposo y la esposa, (e) esposos que se sienten innecesarios excepto para recibir el cheque del sueldo y hacer examinar el aceite del carro, (f) menos interés por el sexo a medida que se prolonga el tiempo que transcurre "sin" sexo.

Hace poco llamó una de mis oyentes para quejarse de que su esposo no entendía realmente lo ocupada, cansada, agitada, tensa, etc., que estaba. Me preguntó "¿Cómo hago para que deje de importunarme con el sexo?"

Le recordé que el sexo era parte del contrato matrimonial y le pregunté si cuando estaban delante del altar le había dicho que sólo le iba a hacer el amor por dos o tres años durante el resto de su vida . . . a menos, claro está, que *ella* tuviera deseos de hacerlo.

Le pregunté qué pensaba ella acerca de cuán importante se sentía en su hogar.

También le pregunté cómo se sentiría si cada vez que ella lo tocara le diera una palmada en la mano y le dijera, "Ahora no. No estoy de humor."

Le dije que entre menos intimidad tuviera con él, mayor sería el muro que iría levantando entre los dos a medida que las relaciones sexuales fueran más inusuales y, por lo tanto, sería mayor la incomodidad.

Parecía que comenzaba a entender y a identificarse con los sentimientos de su esposo.

"Santo cielo, nunca lo vi así. ¿Pero debo hacerle el amor sólo para satisfacerlo aunque yo no esté de humor? ¿Qué debo hacer?"

"Si no está de humor para alimentar a los niños, ¿los deja morir de hambre?, si no está de humor para ser más amable con su madre cuando la llama, ¿le contesta siempre de mala manera? Hay miles de millones de cosas que hace cada día porque es responsable, comprensiva, considerada y sensible. ¿Por qué no caben debajo de la misma sombrilla las necesidades emocionales y físicas de su esposo?"

"¿Sólo debo quedarme ahí acostada?"

"Amiga mía, si no está de humor para experimentar placer, siempre puede demostrarle amor para complacerlo. Hay muchas cosas que puede hacer por él . . . y lo más probable es que, la mayoría de las veces, usted también se excite durante el proceso. He recibido demasiadas cartas de esposos que sienten que aman a sus esposas pero que permanecen en casa sólo por los niños mientras llevan una existencia de doloroso aislamiento emocional, porque están a la insensible merced de los 'estados de ánimo' de sus esposas. No permita que su matrimonio se convierta en uno de esos.

"¿Y no es cierto que sólo nos sentimos 'con ánimo de hacerlo' si hemos tenido un día perfecto y si él no ha hecho ni la más mínima cosa que nos moleste? ¿No es eso cierto?"

"Sí," admitió, "Así es. Gracias."

La siguiente llamada fue de una oyente a quien le había sorprendido la veracidad de esa conversación y se había visto reflejada, ignorando las necesidades de su esposo debido a sus propios "estados de ánimo." Dijo que acaba de llamar a su esposo a la oficina, interrumpiéndolo a mitad de una reunión para decirle, "Cuando vengas a casa esta noche, por cansada que esté, por desordenada que esté la casa, por más molesta que me encuentre por la razón que sea, ¡nos vamos a divertir!"

Dijo que él se mostró muy entusiasmado.

Otra oyente me envió un fax al día siguiente en el que se refería a "cómo simularlo."

"Terminé de leer su libro, se lo presté a varias de mis amigas, y todas se lo agradecemos. He oído a muchas de sus oyentes que han llamado en las últimas semanas para preguntarle acerca de "simular" con sus esposos. Bien, el siguiente es mi punto de vista. Si un esposo y una esposa se aman, estarán dispuestos a actuar, de vez en cuando, de forma no acorde con lo que están sintiendo—lo que muchos llaman 'simular.'

"Mi esposo lo ha simulado muchas veces y siempre se lo agradezco. ¿Cuándo? Cuando he organizado una salida de carácter social con amigos, y a él realmente no le interesa pero sabe que significa algo para mí, por lo que finge una sonrisa, me da el brazo para que yo lo tome y simula. ¿Cuándo? Cuando me preocupa algo fuera de nuestra relación, pero de lo cual me quiero desahogar y expresar mis sentimientos en un entorno seguro, donde no exista el peligro de las malas lenguas. Entonces acaricia mi mano y me deja hablar sin parar por veinte minutos hasta que 'me siento mucho mejor.' No necesariamente entiende todas las cosas de las que estoy hablando—pero finge hacerlo. ¿Cuándo? Cuando llega a casa después de un largo día de trabajo y veo que está exhausto y desanimado, que ya no le queda nada que dar y que preferiría quedarse sólo por un rato pero nuestros preciosos hijos bajan corriendo por las escaleras gritando, '¡Llegó papá!' y deja a un lado todos sus sentimientos negativos, sonríe de oreja a oreja, busca algo de energía de su tanque de reserva y colma a los niños de besos y abrazos. Real-

mente no está feliz ni lleno de energía, pero ellos no lo notan, porque él 'finge' por el bien de sus hijos.

"¿Cuál es el punto que quiero dejar en claro? Aunque sus actos puedan calificarse de 'fingidos,' porque no es lo que está sintiendo en ese momento, el simple hecho de 'fingir' demuestra que su amor es siempre real—jamás fingido. 'Fingir' es realmente poner el amor por encima del estado de ánimo."

Ahora es su turno:

_____

_____

_____

_____

_____

_____

_____

_____

_____

_____

_____

_____

_____

_____

_____

_____

_____

_____

_____

_____

_____

_____

_____

_____

Pregunta 22:
Una vez que hemos entendido de qué se trata—¿qué pasa entonces?

"Si nosotras las esposas finalmente 'lo entendemos' ¿qué sigue después? ¿Qué tenemos que hacer, pensar, cambiar, resolver, etc.? ¿Hay algunas indicaciones, instrucciones, consejos, o apoyo que nos sirva para cuidar a nuestros esposos como es debido y a obtener lo mejor de ellos, de nuestros matrimonios y de nuestras vidas?"

El resto de este libro está orientado a responder todas esas interrogantes. Disfrute el viaje.

Ahora es su turno: Si tiene cualquier pregunta que considere que no ha quedado respondida en esta parte del libro, por favor haga una fotocopia de esta página, escriba en ella la pregunta y envíela por fax a la Dra. Laura Schlessinger al 818-461-5104 para una breve respuesta personal o una respuesta en grupo. No olvide incluir su número de fax para que le respondan.

_____

_____

_____

_____

_____

_____

_____

_____

_____

_____

_____

_____

_____

_____

_____

_____

_____

_____

_____

_____

_____

_____

_____

_____

_____

_____

_____

SEGUNDA PARTE

El Cuidado Adecuado: "¿Fue Bueno para Usted?"

*Cómo Evaluarse y Cómo Evaluar
su Matrimonio*

Antes de iniciar una lista específica de preguntas que debe hacerse para considerar más a fondo la calidad de su matrimonio, creo que es importante centrarse en el objetivo de dichas preguntas. Al pensar en lograr cambios positivos en su vida y su matrimonio, quisiera que siempre recuerde las dos A: actitud y acción. Mientras ejercía mi profesión en la práctica privada y ahora que trabajo en el programa de radio, he aprendido que la mayoría piensa que lo primero que hay que cambiar es la actitud y que la acción vendrá por añadidura. Aunque eso puede suceder, no es la regla. Lo que es más importante, es posible que todas nos hagamos viejas juntas esperando que se produzca un cambio de actitud. La vida se está desarrollando ahora. A menos que se produzca un cambio *inmediato* en las acciones, los barcos pueden hundirse—y también los matrimonios.

En respuesta a lo que ella pensó que era una evaluación adecuada de su reciente matrimonio, Bonnie, una oyente de veinticuatro años que llamó a mi programa de radio, hizo algo que podría haber arruinado las vidas de tres personas: el esposo de Bonnie, con quien se había casado hacía seis meses, su bebé de once meses y ella misma.

Bonnie: Llamo porque hace poco le confesé a mi esposo que ya no lo amaba.

Dra. Laura: Oh, cielos, qué maravillosa idea.

Bonnie: Bien, era cierto.

Dra. Laura: Óyeme, Bonnie, las personas suelen hacer cosas peligrosas y las justifican diciendo, "Es la verdad." Hay ciertas cosas que, una vez dichas, no tienen arreglo.

Bonnie: Sí, eso lo entiendo.

Dra. Laura: Eres una mujer con un bebé que acaba de destrozar el hogar de su hijo. Qué inteligente. ¿Cómo sabes cuándo estás enamorada? ¿Cómo sabe Bonnie que está enamorada?

Bonnie: Cuando pienso en esa persona todo el día. Cuando me alegra verla. Cuando me hace falta si no estoy con ella. Ya sabe, la parte del enamoramiento.

Dra. Laura: Eso no es amor. Te embarazaste y ¿ahora quieres sacarlo de tu vida y de la vida de su hijo?

Bonnie: Sí.

Dra. Laura: Muy bonito, Bonnie.

Bonnie (llorando): Admito que fue egoísta decirle eso. Tengo suerte de que todavía quiera insistir en nuestra relación y de que siga muy enamorado de mí.

Dra. Laura: Te voy a poner una tarea. Vas a hacer cada día cuatro cosas que imagines que haría una mujer enamorada de su esposo. Luego, dentro de dos días, volveremos a hablar. ¿Está bien?

Bonnie: Está bien.

De hecho, a los dos días, Bonnie llamó de nuevo.

BONNIE: Llamé a su programa el otro día porque le había estado dando vueltas y más vueltas en la mente a un incidente que tuvo lugar un par de días antes. Estuve hablando con mi esposo, y teníamos muchos problemas: criar a nuestro hijo de once meses; ambos somos estudiantes de tiempo completo; tenemos horarios encontrados por lo que no nos vemos con mucha frecuencia; yo quedé embarazada muy pronto al comenzar nuestra relación y nos casamos; no tuvimos una luna de miel muy larga debido a todas estas responsabilidades. Creo que el periodo de la luna de miel es algo que todo el mundo quiere recuperar en su relación. Sentí como si hubiera perdido eso. No me sentía atractiva físicamente y rechazaba sus propuestas de que hiciéramos el amor. Imagino que empecé a recordar otras relaciones que tuve en la secundaria, basadas en el enamoramiento. Siempre pensé que una pareja enamorada o un matrimonio conservarían esa pasión inicial—ese enamoramiento.

Me he examinado a fondo, muy detalladamente, después de que sostuvimos esa conversación. Comencé a leer su libro y le hablé abiertamente a mi esposo de lo que había hecho y de lo que usted me había dicho que hiciera. Hice una lista de cosas que una mujer enamorada se preocuparía de hacer en su matrimonio. Al principio no me resultó fácil, pero, una vez que comencé, me di cuenta de que no he estado haciendo las cosas que debería haber hecho. Lo que hice fue egoísta. Yo estaba herida y necesitaba que alguien sintiera también ese dolor. Ahora me doy cuenta de que esa actitud es destructiva y sé que lo herí. Me ha perdonado. Fue realmente inmaduro de mi parte pensar que una relación madura se compone principalmente de pasión.

Cuando le pregunté si había "hecho" las cuatro cosas que una mujer enamorada haría por su esposo, me respondió que había "pensado" en lo que serían esas cosas, pero que realmente no las había "hecho." Le di otros dos días para cumplir esa parte de la tarea. Dos días después:

BONNIE: Bien, hice una lista. Fue bastante incómodo porque me resultó muy difícil comenzar, puesto que usted me hizo pensar en cosas que alguien realmente *haría,* en vez de reaccionar de manera tan emocional. Por último, comencé a elaborar una lista de algunas cosas que pensé que haría si estuviera enamorada de mi esposo. Una de las primeras cosas que haría sería decirle, "Te amo." Creo que no había vuelto a decírselo con la frecuencia con la que lo hacía antes. Por lo tanto, comencé a hacerlo de nuevo.

En este momento nuestra relación es muy difícil porque ambos somos estudiantes de tiempo completo y tenemos un niño pequeño que cuidar las veinticuatro horas del día. No lo llevamos a la guardería. El niño está siempre con mi esposo o conmigo. Somos dos barcos cuyos rumbos se encuentran en la noche. Para mí el matrimonio no se ha convertido en una prioridad, y fue egoísta de mi parte confrontar a mi esposo en la forma en cómo lo hice. Entiendo por qué lo hice. Para mí fue sólo una forma de liberar el estrés. Cuando hablé con usted y me di cuenta de lo que había hecho, me asusté mucho. Nunca había tenido una relación que fuera más allá de las caricias acarameladas. Ni siquiera con mis padres he tenido una relación de amor verdadero. Y creo que es de eso de lo que realmente se trata el matrimonio.

El resto de la lista es hacer el amor, sacrificarme y luego hacer cosas que sean específicamente de interés para él, aunque no necesariamente me interesen.

DRA. LAURA: Además, no pueden estar los dos en la universidad a la vez. Quiero que entiendas que ustedes aceptaron casarse, no simplemente ser compañeros de habitación con un bebé mientras cada cual persigue sus metas de soltero.

BONNIE: Sí, empezamos totalmente al revés.

DRA. LAURA: Una de tus necesidades es estar en casa y quedarte allí tranquila, porque de lo contrario no podrán tener vida conyugal. Ese es tal vez el mayor sacrificio que hay que hacer al casarse; hay que renunciar a la soltería.

A medida que Bonnie y yo hablábamos, era evidente que ella iba aprendiendo la lección de que los sentimientos de amor son generados por acciones de amor. Una buena actitud hacia el matrimonio proviene de acciones que le den la prioridad a la vida conyugal. Las acciones llevan a las actitudes. Las acciones y las actitudes llevan a la felicidad.

Ahora es su turno:

_____

_____

_____

_____

_____

_____

_____

_____

_____

_____

_____

_____

_____

_____

_____

_____

_____

_____

Es además un hecho que prestar atención a las acciones y a las actitudes de la pareja puede hacernos sentir más felices de estar casadas y de habernos casado con el que elegimos como esposo. Como lo expresó una de mis oyentes en un fax en el que me comentaba un episodio, aparentemente insignificante, de su vida—pero uno que literalmente ¡la hizo despertar! Me decía que había estado casada durante seis años, y tenía dos hijos de menos de cuatro años. Admitía que desde que había tenido los hijos, su relación con su esposo, un hombre sincero, amoroso y generoso que estaba dispuesto a hacer cualquier cosa por ellos, no había sido su prioridad.

El mismo día que comenzó a leer *Cómo Cuidar y Tener Contento al Esposo* coincidió con la noche en que su *esposo* llegó del trabajo para encontrarse con ella en la recepción de *open house* del preescolar de su hija. Junto con otras quince mamás, ella se había ofrecido como voluntaria para preparar las galletas que se ofrecerían en ese evento. Su relato continuaba:

"Cuando llegó mi esposo, había en la mesa por lo menos quince clases de galletas de dónde escoger. Él se acercó a donde yo estaba, me saludó con un beso y me preguntó cuáles eran las galletas que yo había traído. Señalé las galletas de chispitas de chocolate que, comparadas con toda las demás galletas mucho más llamativas, se veían bastante sosas de hecho, nadie las había probado aún.

"Lo vi tomar un plato y servirse dos de mis galletas. Cuando se sentó, le pregunté por qué había elegido mis galletas, que son las mismas que siempre le doy en casa, en lugar de probar otras nuevas. Me respondió sencillamente, 'Porque son hechas por ti.' Comprendí entonces de qué se trata su libro. Mi esposo es leal conmigo y su familia y está dedicado a hacernos sentir bien. Descubrí entonces la persona tan sencilla que es mi esposo. Me conmovió su lealtad y pensé qué fácil era satisfacerlo. En cambio, yo tendía a ser muy complicada aún en los detalles más pequeños.

"Ahí mismo le di unas palmaditas cariñosas y le agradecí que

hubiera elegido mis galletas. Me respondió, 'Claro que las elegí. Eres mi esposa.'

"*Gracias por aclararme las cosas acerca de la necesidad de apreciar al hombre más importante de mi vida, ¡mi esposo!*"

Ahora es su turno:

_____

_____

_____

_____

_____

_____

_____

_____

_____

_____

_____

_____

_____

Otra oyente me envió una carta titulada: "¡Aleluya! He tenido una revelación."

"*Acabo de terminar su libro. Me estaba arreglando para ir al trabajo cuando llegó mi gata en busca de caricias. De inmediato dejé lo que estaba haciendo para consentirla y hablar con ella. Mientras la acariciaba, se dejó caer de lado y empezó a ronronear de felicidad. Mientras le decía lo linda que era, cuánto la quería y cuánto disfrutaba de su compañía, me di cuenta de que mientras acaricio mi gata ¡he descuidado las caricias que merece mi esposo!*

De su libro aprendí que tengo que prestarle a mi esposo al menos la misma atención que le presto a mi gata.

"De hoy en adelante, le mostraré todo mi afecto y, aunque no creo que ronronee tan fuerte, sé que su reacción será mostrarse más satisfecho y cariñoso."

Ahora es su turno:

_____

_____

_____

_____

_____

_____

_____

_____

_____

_____

_____

_____

_____

Ahora, debo disculparme por lo que parecería ser una digresión de los conceptos de actitud y acción. Creo que el primer cambio de actitud que, como mujeres, tenemos que evaluar y, de ser necesario, poner en práctica, es el de la actitud que las mujeres han desarrollado hacia ellas mismas como tales. Sin una evaluación hermosa, apropiada, de la condición de "mujer," les resulta mucho más difícil reconciliar sus problemas como esposas y madres.

La mañana en la que pensaba sobre este concepto ocurrió algo inusual. Estaba desayunando en mi habitación del hotel después de una reunión en la que había estado autografiando libros en otra ciudad, cuando decidí encender el televisor para descansar y distraerme un poco. Cuando la encendí, mostraban una "historia real" sobre un ministro, Peter Marshall, titulada *Un Hombre Llamado Peter*. La trama se desarrolla a fines de los años treinta y principios de los cuarenta. La protagonista finalmente se casa y es la única de tres estudiantes con el suficiente valor para ponerse de pie y hablar sobre la abstinencia ante un agitado grupo de adolescentes y parejas jóvenes. Lo que dijo me dejó absolutamente abrumada por su simplicidad y belleza.

Las muchachas del grupo eran ruidosas, bebían y fumaban, se expresaban con un lenguaje soez y reían aprobando el comportamiento irrespetuoso de sus amigos hacia el ministro. La protagonista comenzó por decir que creía que a los muchachos con los que estaban realmente no les gustaba la forma como ellas se comportaban, y que nunca se habían escrito sonetos sobre mujeres que fumaran, bebieran, o fueran mal habladas, promiscuas, ruidosas o rudas. Agregó que ese comportamiento tampoco hacía que los hombres mostraran lo mejor de sí mismos, y por lo tanto, los resultados no eran buenos para la sociedad.

Por poco me caigo de la silla. ¿La ayuda para el problema en el que había estado pensando apenas unos minutos antes venía de una película hecha casi cincuenta años atrás?

Les dijo que como mujer cristiana, la primera declaración contundente acerca de la superioridad y la liberación de la mujer vino de la Virgen María al ser elegida como madre del Salvador del mundo. Les dijo que esta posición de la mujer la había colocado a un nivel más alto que el de los hombres y que lamentaba que fuera tan triste que, para estas jóvenes, la "liberación femenina" fuera un comportamiento que copiaba el peor comportamiento de los hombres.

Después abrí el *The New York Times* y, como si tratara de reforzar esa experiencia, leí una historia no crítica sobre mujeres que se convertían en empresarias de la industria de la pornografía, en donde las pornografistas cuyo perfil se presentaba describían sus actividades como el proceso de vender "la adquisición de poder por parte de la mujer." ¿Es esta "adquisición de poder

por parte de las mujeres" la forma como describimos la degradación de nuestra sexualidad?

Reflexioné sobre la forma como percibía de niña, el hecho
de ser mujer. Esas cosas dulces y misteriosas, tiernas y amables,
sensibles y vulnerables eran las piedras angulares de lo que creía
y lo que aspiraba ser. Imaginaba un hombre que me adoraba y
me protegía.

Vino luego el movimiento feminista, que se llevó todo eso y
lo reemplazó por un sentido de agresiva adquisición de derechos, ira, sospecha, una personalidad femenina centrada en sí
misma, insensible hacia cualquier hombre y que sentía desprecio
por cualquier cosa históricamente femenina. Lanzarse y convertirse en madre era, para estas activistas, equivalente a perder sus
identidades. ¿Y reemplazarlas con qué?

Renunciamos a demasiadas cosas que son únicas, hermosas y
satisfactorias para nosotras como mujeres y atractivas para nuestros hombres.

Es este, entonces, el punto para iniciar la evaluación de su relación conyugal. Comenzamos por la evaluación de su papel
como mujer/su feminidad.

¿Qué es para usted lo más importante de ser mujer?

¿Cómo lo anterior ha cambiado en el curso de su vida?

_____

_____

_____

_____

_____

_____

_____

_____

_____

¿Cómo la ha impactado el movimiento feminista positiva y negativamente?

_____

_____

_____

_____

_____

_____

_____

_____

_____

¿Cómo su opinión anterior y su opinión actual (si fueran diferentes) sobre "el lugar de una mujer" han influenciado su(s) relación(es) positiva y negativamente?

_____

_____

_____

_____

_____

_____

_____

_____

¿Qué le encanta y qué detesta de ser mujer?

¿Con qué factor de ser mujer cree que ha perdido contacto en su vida y quisiera recuperarlo?

¿Qué cambios piensa hacer en cuanto a su feminidad?

¿Qué la motivó a leer *Cómo Cuidar y Tener Contento al Esposo?*

_____

_____

_____

_____

_____

_____

_____

_____

_____

¿Qué sentimientos experimentó mientras leía el libro?

_____

_____

_____

_____

_____

_____

_____

_____

¿Qué acciones y actitudes de las esposas, poco positivas, reconoció como suyas?

_____

_____

_____

_____

_____

_____

_____

_____

_____

¿Qué acciones y actitudes positivas de las esposas reconoció como suyas?

_____

_____

_____

_____

_____

_____

_____

_____

_____

_____

¿Cómo reaccionó su esposo al hecho de que usted leyera este libro?

_____

_____

_____

_____

_____

_____

_____

_____

_____

_____

¿Qué relación tienen sus malas acciones y actitudes hacia su esposo con las opiniones de su madre, su hermana, sus amigas, los medios, vs. lo que usted siempre ha pensado que es correcto o adecuado?

_____

_____

_____

_____

_____

_____

_____

_____

¿Qué fantasías/expectativas tenía acerca de los hombres y el matrimonio antes de casarse y cómo cree que esto haya impactado su felicidad matrimonial?

_____

_____

_____

_____

_____

_____

_____

_____

¿Qué imaginó que siempre *recibiría* de su esposo y de su matrimonio?

_____

_____

_____

_____

_____

_____

_____

_____

¿Cómo se compara la realidad con esas expectativas?

_____

_____

_____

¿Qué imaginó que *daría* siempre a su esposo y a su matrimonio?

¿Qué disfruta de ser esposa?

¿Qué no disfruta de ser esposa?

_____

_____

_____

_____

_____

_____

_____

_____

¿Qué cree usted que sería lo más difícil de llegar a casa y encontrarse con usted?

_____

_____

_____

_____

_____

_____

_____

_____

_____

_____

¿Qué cree usted que sería lo más hermoso de llegar a casa y encontrarse con usted?

_____

_____

_____

_____

_____

_____

_____

¿Cuán feliz es en su matrimonio?

_____

_____

_____

_____

_____

_____

_____

_____

_____

_____

_____

¿Qué cree que podría hacer su esposo para que su matrimonio fuera más feliz?

_____

_____

_____

_____

_____

_____

_____

_____

_____

¿Qué cree usted que podría hacer para que su matrimonio fuera más feliz?

_____

_____

_____

_____

_____

_____

_____

_____

_____

_____

_____

_____

_____

¿Cuáles son los aspectos que producen problemas en su matrimonio y que deben minimizarse o eliminarse? ¿Cómo podría lograrlo?

_____

_____

_____

_____

_____

_____

_____

_____

_____

¿En qué piensa trabajar esta semana para mejorar su actitud y/o sus acciones? (Vea la siguiente pregunta)

_____

_____

_____

_____

_____

_____

_____

_____

_____

Después de una semana ¿qué cambios ha observado en usted y en su esposo?

Ahora le toca a su esposo:

Esta sección le exigirá valor y autocontrol. Le pedirá a su esposo su opinión y si usted se "disgusta" o "se siente herida" por su respuesta, ¡NO PERMITA QUE ÉL NOTE que está herida, disgustada o molesta! Si lo que quiere es la verdad, debe demostrar que es capaz de enfrentarla. Además, demostrarle que es abierta y que está dispuesta a conocer sus sentimientos, pensamientos y necesidades, es uno de los regalos más hermosos que una esposa puede dar a su esposo. Si se enreda en las "críticas," nunca comprenderá que él se siente seguro de recurrir a usted. Cuando un hombre se siente seguro, se queda. Las críticas son siempre difíciles de aceptar, pero llevan hacia la sanación. Además, ¡su turno vendrá después!

Pida a su esposo que responda las siguientes preguntas. Permítale que lo haga en privado y, por favor, prométale que no lo castigará por las respuestas sinceras ¡que pueden ser poco amables para usted! Antes de pedirle que responda estas preguntas, saque una fotocopia y escriba las respuestas que imagina que él dará. Después las puede comparar y analizar con él para ver las similitudes y diferencias. (Vea la nota que se incluye abajo.)

¿Cómo reaccionó al hecho de que su esposa leyera *Cómo Cuidar y Tener Contento al Esposo?*

_____

_____

_____

_____

_____

_____

_____

_____

¿Qué es lo que más admira en las mujeres en general?

_____

_____

_____

_____

_____

_____

_____

_____

¿Qué es lo que más admira de su esposa "como mujer"?

_____

_____

_____

_____

_____

_____

_____

_____

_____

¿Qué cree que ella debe esperar de usted como esposo?

_____

_____

_____

_____

_____

_____

_____

_____

_____

_____

¿Qué cree que no debe esperarse de usted como esposo?

_____

_____

_____

_____

_____

_____

_____

_____

_____

¿Qué cree usted que debe esperarse de su esposa?

_____

_____

_____

_____

_____

_____

_____

_____

_____

¿Qué cree usted que no debe esperarse de su esposa?

_____
_____
_____
_____
_____
_____
_____
_____
_____
_____

¿Qué aspectos de su matrimonio lo hieren más?

_____
_____
_____
_____
_____
_____
_____
_____
_____
_____

¿Qué aspectos de su matrimonio lo satisfacen más?

_____
_____
_____
_____
_____

¿Qué diferencia hay entre lo que imaginó que sería su matrimonio y lo que es?

¿Qué imagina que se esté perdiendo por estar casado?

¿Qué nota/admite que ha dejado de hacer/comenzado a hacer por su esposa debido a alguna herida o desilusión en su matrimonio?

_____

_____

_____

_____

_____

¿Qué anhela de su esposa?

_____

_____

_____

_____

_____

_____

_____

_____

¿Qué cambios específicos le gustaría que hiciera su esposa?

_____

_____

_____

_____

_____

_____

_____

_____

_____

¿Qué cambios específicos sabe que debe hacer para que su esposa cambie o no algunas de sus actitudes?

_____

_____

_____

Nota: Le recomiendo tomarse ahora el tiempo de comparar las respuestas de su esposo con las que usted imaginó que él daría. Es importante que esté abierta a cualesquiera diferencias para que la comunicación entre ustedes permanezca también abierta, sincera y constructiva. Su función consiste en escuchar y preguntar, pero no defenderse, explicar, excusarse, discutir ni atacar. Se trata de un ejercicio crítico que, si se hace con paciencia y amor, mejorará de forma dramática el sentimiento de seguridad, aceptación y unión entre usted y su esposo.

Esta próxima sección de la evaluación matrimonial se desarrolla con usted presente. Como esposa, le hará a su esposo las siguientes preguntas. De nuevo, no reaccione—¡limítese a escuchar y a aprender! Tenga presente que algunas de las respuestas pueden sorprenderla o disgustarla. Si piensa que no lo puede tolerar, no lo haga hasta que no se sienta capaz de escuchar sin juzgar. Imagine lo asustado que puede estar su esposo de que sus respuestas la pongan furiosa. Utilice ese conocimiento para moderar y controlar su reacción.

Pregunte a su esposo:

cómo demuestra su amor

cómo define él "esposo"

_____

_____

_____

_____

_____

_____

_____

_____

cómo define él "hombre/varón"

_____

_____

_____

_____

_____

_____

_____

_____

cómo lo hace sentir usted, su esposa, como persona

_____

_____

_____

_____

_____

_____

_____

_____

qué disfruta más de ser hombre, esposo y padre

_____

_____

_____

_____

_____

_____

_____

_____

_____

_____

qué disfruta menos de ser hombre, esposo y padre

_____

_____

_____

_____

_____

_____

_____

_____

_____

_____

cómo se siente acerca de lo que hace por su familia

_____

_____

_____

_____

_____

_____

_____

_____

_____

cómo él siente que usted lo respeta

_____
_____
_____
_____
_____
_____
_____
_____
_____

cómo él sabe cuando usted está contenta

_____
_____
_____
_____
_____
_____
_____
_____

cómo él sabe lo que usted necesita/desea

_____
_____
_____
_____
_____
_____
_____
_____

cómo él sabe que usted lo quiere

_____
_____
_____
_____
_____
_____
_____
_____
_____

cómo él sabe que usted lo necesita

_____
_____
_____
_____
_____
_____
_____
_____
_____

Sin lugar a dudas, su conversación se extenderá a otros temas. Conviene que utilice el espacio provisto a continuación para reflexionar sobre esta experiencia y sobre la influencia que tendrá en usted, en su esposo y en su relación.

_____
_____
_____
_____
_____
_____
_____

_____

_____

_____

_____

_____

_____

_____

_____

_____

_____

En la Tercera Parte, analizará algunos de los prejuicios y pensamientos negativos que tiene sobre los hombres y los esposos, que pueden estar interfiriendo e impidiendo la vida feliz que podría tener ¡cuidando y teniendo contento a su esposo!

El Debido Respeto: Ellas Dominan—Ellos Babean

Capacitación en Sensibilidad y Aumento de la Conciencia

Lo admito. No pude evitar reír al escribir el subtítulo de esta parte del libro acompañante. Fui a la universidad en los años sesenta, cuando se quemaba ropa interior en protesta contra . . . bueno, todo expresaba el sentimiento de la época. "Incrementar la conciencia" o conscientizar era el mantra del movimiento feminista. Estábamos permanentemente conscientes de todas las formas en las que se nos discriminaba y nos trataban de forma desigual e injusta (¡por todos los cielos, inclusive el que un hombre nos abriera la puerta se consideraba como un insulto de un cerdo sexista!) y se nos advertía acerca de la determinación de los hombres en dominarnos y controlarnos para anular nuestro valor (¡cuidado con "caminar descalzas y quedar embarazadas"!) a través del matrimonio y la crianza de los hijos.

Yo me dejé convencer en ese entonces. ¿Por qué no? Todas las mujeres creíamos que estábamos estableciendo un nuevo orden de igualdad entre los sexos y que estábamos construyendo una nueva base de poder para impedir que se obstaculizaran los esfuerzos individuales de las mujeres por convertirse en médicos, astronautas, ejecutivos empresariales o cualquier otra cosa que desearan. Eso todavía me parece correcto ahora.

De una buena idea surgieron varias cosas malas. No creo que nadie que tenga la capacidad, el talento y la perseverancia de progresar deba quedar bloqueado en su capacidad de contribuir al universo sólo por razón de su género. Hasta ahí, todo iba bien. Sin embargo, cuando surgieron conceptos como la acción afirmativa y las cuotas, la igualdad y la justicia salieron por la ventana, porque la capacidad se convirtió en algo menos importante que el hecho de la genética (XX vs. XY). Además, sólo se logró que las mujeres se sintieran más, no menos, limitadas, en sus opciones. Si deseaban ser esposas y madres (amas de casa), eran despreciadas por su hermandad, que las tildaba de estúpidas, víctimas del lavado de cerebro, desertoras oprimidas. La maternidad y la tarta de manzana se convirtieron en algo malo. Las mujeres tenían que despreciar el amor y la familia o "tenerlo todo"—y fallecer tempranamente debido al abrumador estrés y al agotamiento, o dejar que sus hijos fueran criados por otras madres (guarderías y niñeras) e ignorar por completo a sus esposos; después de todo, era evidente que cualesquiera solicitudes o necesidades que éstos hicieran o tuvieran ¡estaban orientadas a asfixiarlas como mujer!

Por último, la elevación de las mujeres estaba inexorablemente conectada a la degradación de los hombres; ellos no sólo eran la fuente de la falta de poder y el dolor de las mujeres, según lo afirman aún las feministas, sino que, ni siquiera eran necesarios. Las universidades de todo el país llegaron hasta el punto de pregonar la superioridad de las relaciones íntimas entre mujeres sobre las relaciones matrimoniales.

Me considero feminista sólo en el concepto original de

igualdad de oportunidades. Me considero una feminista recuperada en el contexto de esa forma de feminismo que se robó el movimiento. La que devaluó las funciones de esposa y madre y privó a las mujeres de una parte esencial de su destino espiritual, emocional y físico. Me siento agradecida de haberme dado cuenta a los treinta y cinco años y de haber aceptado que el éxito necesitaba un contexto para perfeccionarse; ese contexto era la familia.

Las niñas que crecen en nuestra cultura actual reciben pocos mensajes que las hagan sentir especiales como mujeres y dignas del respeto de sus futuros compañeros. No hay apoyo para la dignidad ni la modestia femeninas. Normalmente, ya a los trece años las niñas han tenido sexo oral con niños de trece años en los salones de clase del colegio (!) como forma de adquirir (?) prestigio; pienso que era mejor el concepto que sostiene que "las niñas buenas no lo hacen."

Son demasiadas las llamadas que recibo de mujeres de apenas veinte años que ya no tienen ilusiones acerca del amor y el matrimonio porque han experimentado demasiadas decepciones y desilusiones con demasiadas relaciones "íntimas" en su búsqueda del premio emocional. Han sido heridas por la falta de formación para "el cortejo," y por la pérdida de la costumbre del noviazgo, como preludio a encontrar una pareja. A medida que se hacen mayores y más cínicas, su potencial para casarse y más aún para tener un matrimonio feliz, disminuye de forma impresionante. Llegan al matrimonio con una actitud defensiva, desconfiada, hipersensible y autoprotectora. Nada recomendable.

El lavado de cerebro que las convence de que deben sentir hostilidad hacia los hombres comienza en formas sutiles y no tan sutiles desde que son pequeñas. En enero 30 de 2004, la Associated Press publicó un artículo acerca de una línea de ropa y accesorios para niñas elaborada aquí en los Estados Unidos, que llevaba slogans como "Los Niños Son Estúpidos—Tirémosles Piedras," y "Los Niños Huelen Mal—Tirémosles Botes de Basura," y "La Tonta Fábrica—Donde se Producen Niños." Glenn Sacks, quien dirige el programa de radio semanal *His Side* (Lo Que Él Piensa) que se trasmite en Los Angeles y Seattle, y defiende los derechos de los padres, inició una campaña para lograr que el público se quejara de los almacenes que venden estas camisetas. Yo respaldé su iniciativa.

En respuesta a mi adhesión a esa campaña, recibí muchísimos faxes. Uno de ellos era de una mujer adulta que usa esas camisetas, ella escribió;

"Me encanta esta camiseta, me hace reír. Es simplemente DI-VERTIDA, si es que recuerda lo que es divertirse. Le está dando mucha más importancia de la que tiene. Ha tomado una camiseta que es simplemente divertida e inocua y la ha convertido en algo supuestamente feo y nocivo. Es una lástima."

Me sorprende la falta de sensibilidad, la ceguera de esta mujer ante el dolor que estas cosas pueden causar a los muchachos y a los hombres, sin mencionar hasta dónde pueden llegar a manchar la imagen y la masculinidad a los ojos de las niñas desde muy temprana edad.

¿Diversión . . . inocua? La siguiente es una respuesta de un niño de ocho años, de tercero de primaria, de Nuevo México.

"Le escribo para contarle algo que ocurrió en mi clase. La presidente de mi clase es una niña de quinto de primaria que ese día usaba una camiseta que decía 'Los Niños Apestan'—eso realmente me ofendió, Dra. Laura. Me hizo sentir una profunda tristeza, en lo más hondo de mi ser, porque los niños no somos estúpidos ni apestamos.

"Sin niños no habría esposos ni tampoco más niños. Pienso que verdaderamente habría que demandar a esa compañía. No puedo creer que tenga su propio sitio web para burlarse de los niños y promover la violencia hacia ellos. En este sitio hay juegos que consisten en apedrear a los niños.

"Es un abuso para mi género. Me esforzaré por ver que destituyan a la presidenta de mi clase si sigue usando esa ropa."

¿Fomentar la hostilidad entre los sexos a los ocho años podrá considerarse una diversión inocua?

Una oyente adulta le envió el siguiente correo electrónico al fabricante y distribuidor de esas camisetas:

"Me acabo de enterar de sus camisetas en el programa de la Dra. Laura. Tengo treinta y tres años y estoy a punto de casarme, con la esperanza de que no sea demasiado tarde para lograr un embarazo. ¿Sabe por qué? Por las opiniones negativas acerca de los hombres. Desperdicié muchos años de mi vida creyendo que 'los muchachos eran estúpidos' y que no los necesitaba.

"El tema de sus camisetas no es bueno para nadie. Gracias a Dios, llegué a querer a los hombres por mí misma.

"¡Los hombres son inteligentes, los hombres son racionales, los hombres son valientes! ¡Los hombres se esfuerzan por mejorar el bienestar de las mujeres y los niños! ¿Usaría una camiseta que dijera eso!"

Contrario a lo que sostiene la prevalente propaganda feminista, no hay que ser antimuchachos para ser pro-mujeres; sin embargo, eso es exactamente lo que ha ocurrido.

Según me lo comentaba un oyente:

"En una sola generación, el concepto prevalente ha pasado de 'papá sabe lo que conviene' al concepto totalmente opuesto de 'papá es un tonto, imbécil, egoísta, pesado y, como por si fuera poco, ¡violento'!"

Otro oyente se quejó:

"Aún no he leído su libro; sin embargo, he estado escuchando su programa y me ha despertado temor por el futuro de mis hijos y su comprensión de los papeles que desempeñan los hombres y las mujeres.

"Quiero lo mejor para ellos y deseo que no se les discrimine de ninguna forma. Así no son las cosas. Nuestra sociedad parece preferir a un sexo en contraposición al otro. O cree que debe castigar a un sexo para beneficio del otro . . . parecería que hubiera una

tendencia para convertir a los muchachos y a los hombres en ciu-
dadanos de segunda clase.

"Los hombres, y me incluyo, estamos a la defensiva. No sa-
bemos cómo actuar o cómo reaccionar en estos tiempos; nos limi-
tamos, entonces, a no decir y a no hacer nada y así nos evitamos
muchos problemas. Las mujeres pueden actuar como quieran,
sin ningún problema. No los hombres—por temor a ser cali-
ficados de insensibles, cerdos chovinistas o políticamente inco-
rrectos."

Hace poco estuve a punto de llorar en mi programa al comentar la infiltración de una "obra de teatro" heterofóbica,
totalmente en contra de los hombres, que se presentó en escuelas secundarias y universidades como un drama perverso
titulado *Los Monólogos de la Vagina*. De forma irremisible presenta a los hombres como el imperio del mal: violadores, agre-
sores y predadores. La obra es ofensiva y tremendamente
enfocada en contra de los hombres. En quince estampas, las
mujeres se expresan como si fueran vaginas (hablando de no
reducir a las mujeres a meros objetos sexuales) y analizan sus
experiencias, incluyendo la violación, el lesbianismo y la muti-
lación genital—como si la cultura norteamericana fuera mun-
dialmente conocida por su explotación y abuso de las mujeres
. . . por favor. Es algo increíble, la seducción de una menor
por parte de una mujer adulta se presenta como algo bueno
porque así aprende a que no tiene que "depender de un
hombre."

Sin embargo, me pregunto por qué, en todas las estadísticas
"feministas" que se presentan en la obra para respaldar sus conceptos, nunca mencionan que (a) las *madres* son las primeras ase-
sinas de los bebés, y (b) que las cifras de abuso de parejas
homosexuales y lesbianas son equivalentes a las de la comunidad
heterosexual. Ummmm.

De hecho, según FoxNews.com (enero 27 de 2004), una de
las escuelas que presentó esta basura, rechazó la producción de
West Side Story, porque "promovía los estereotipos." No bromeo. Imagino que para las feministas, los horribles estereo-

tipos no son aceptables . . . a menos que tengan que ver con los hombres.

He recibido algunas críticas y quejas de personas que sostienen que el libro *Cómo Cuidar y Tener Contento al Esposo* y los consejos que doy a las mujeres y esposas son antifeministas porque animan a la mujer a renunciar a su forma de pensar y a sus necesidades para complacer a algunos hombres. Como espero haberlo dejado ya muy claro, eso no es cierto. Pero lo que sí es una hipérbole que va más allá de lo que se pueda imaginar es la forma como reaccionan las feministas.

Un movimiento "machista" de Canadá se ha propuesto "promover un marco conceptual amigable hacia los hombres para comprender los problemas sociales . . . El concepto de igualdad entre los sexos requiere reconocer y reconsiderar los prejuicios y la discriminación tanto contra los hombres como contra las mujeres . . . es una posición complementaria, no opuesta al feminismo."

Las feministas salieron de sus nichos a proclamar que las intenciones de todos los "machistas" eran las de unos malvados que odiaban a las mujeres y querían librarse de la responsabilidad de tener que sostener a los niños, llevar a las mujeres a la extrema pobreza, perpetuar una superestructura patriarcal en la que las mujeres y los niños son subyugados al status de objetos que se poseen."

Afortunadamente grupos como el Independent Women's Forum (Foro Femenino Independiente) (IWF) publicó un memorando abierto dirigido a NOW (La Organización Nacional de *no sé que tipo de* Mujeres) que hablada de "incontables mujeres jóvenes e inteligentes frustradas por la estricta propaganda feminista de odio hacia los hombres . . ."

La única forma como se podrá ganar esta batalla que busca igualdad de respeto entre los sexos, será logrando que la mujeres abandonen sus posiciones defensivas y hostiles y se convenzan de que ellas mismas son el enemigo.

¿Cree que no pienso ni por un instante que algunos hombres no son criaturas horribles? No, claro que no. Pero son la excepción, no la regla. Como lo señalara uno de mis oyentes:

"Sin lugar a dudas, hay algunos que merecen los prejuicios que los medios y la cultura han difundido por todo el país. No obstante, son muchos más los que constituyen el grupo de excelentes padres y esposos."

Es irónico que las mujeres "liberadas" hayan creado unos hombres que parecen Frankensteins velludos. En más de una ocasión me he quejado en mi programa de que los hombres parecen seres emasculados y totalmente atemorizados por sus esposas. Demasiadas mujeres en nuestra sociedad dominan a sus hombres como si fueran niños pequeños que molestan en lugar de hombres que merecen respeto y compañeros que ellas necesitan y desean. El resultado final es que ellos se comportan mal, y sus esposas se quejan aún más.

Los hombres y las mujeres difieren entre sí en casi todos los aspectos imaginables, y, según lo comentara uno de mis oyentes:

". . . [las mujeres] han decidido que dado que los hombres son distintos a ellas, hay que domesticarlos de alguna forma y que ellas deben arreglarlos."

La principal forma de "arreglar" a los hombres es transexualizándolos—haciéndolos más semejantes a las mujeres. Según proclaman las feministas, los hombres se perfeccionaron al entrar en contacto con su lado femenino." Otro oyente me envió una cita de su comediante favorito: "Mi esposa quería que me pusiera en contacto con mi lado femenino. Así lo hice. Resulta que soy una prostituta." Me encantó.

Entendámoslo, los hombres y las mujeres son fundamentalmente *muy* distintos. Y decir que son distintos no es un concepto de juicio, es un hecho comprobable. En efecto, según el Whitehead Institute de Cambridge, Massachussets, ". . . desde el punto de vista biológico, los hombres y las mujeres son más diferentes de lo que se creía, hasta en sus mismos genes . . . los hombres y las mujeres difieren genéticamente en 1 a 2 por ciento—una brecha tan amplia como la que separa a las mujeres de las hembras de los chimpancés . . . el hecho es que la diferencia genética entre hombres y mujeres hace que cualquier otra diferencia en el genoma humano resulte insignificante."

En vez de sentirse amenazados o adoptar una actitud cínica o llena de odio ante las diferencias, hombres y mujeres deberían ver esas diferencias como complementarias y, en último término, íntimamente satisfactorias. Sin embargo, me es difícil creer el número de veces que he tenido que convencer a algún padre de que tome el lugar de coautoridad que le corresponde en relación con su esposa y que *se oponga* a que ella permita que su hija salga con muchachos mucho mayores y que use ropa inadecuada y vulgar estilo Britney Spears, o que *apoye* el deseo de su hijo de aprender artes marciales o de aprender a manejar armas de fuego. Los hombres temen el castigo de sus esposas (ira, gritos, caras largas y más respuestas negativas a la propuesta de hacer el amor) si expresan sus opiniones, y se han colapsado en una pila de protoplasma castrado.

La civilización requiere hombres fuertes. La seguridad familiar requiere hombres fuertes. Las mujeres de verdad aman a los hombres fuertes. Las mujeres de verdad no se intimidan ni se consideran oprimidas por los hombres fuertes. Una mujer de verdad ve en un hombre fuerte su contraparte y su complemento.

Cuando la cultura políticamente correcta controlada por las feministas no señala con un dedo acusador a los hombres por ser el único problema en la vida de cualquier mujer, se burla de ellos irrespetuosamente con chistes que demeritan a los hombres como esposos y padres.

A través de los años he recibido cientos de listas de chistes de Internet sobre los hombres. La siguiente es sólo una de ellas:

Los hombres son como . . . los individuales. Sólo aparecen cuando hay comida en la mesa.

Los hombres son como . . . el rimel. Por lo general se corren a la primera muestra de emotividad.

Los hombres son como . . . cascos para montar en bicicleta.
Útiles en una emergencia pero, en cualquier otra situación,
se ven ridículos.

Los hombres son como . . . los bonos del gobierno.
Requieren mucho tiempo para madurar.

Los hombres son como . . . lamparas de lava.
Es divertido verlas, pero no son muy brillantes.

Los hombres son como . . . cuentas bancarias. Si no tienen una
gran cantidad de dinero, no generan mucho interés.

Los hombres son como . . . los tacones altos.
Es fácil caminar con ellos una vez que se aprende cómo.

Esta carta me la envió una mujer que recibió este "chiste" en su correo electrónico. Me escribió, "¿Conoce usted algo escrito con ingenio que se refiera en forma positiva a los hombres y que pudiera utilizar para responder a este supuesto humor?" No tuve ningún recurso que ofrecerle.

Es evidente que las mujeres están inmersas en un clima anti-machista, ya se trate de los medios de comunicación, de sus madres, amigas, revistas, o escuelas. Esta actitud antimachista tiene un impacto negativo en el respeto, la aceptación, el aprecio y la sensibilidad de las mujeres hacia los hombres en sus vidas. ¿Cómo puede una mujer "ser realmente una mujer" con una entidad que se desprecia? ¿Cómo puede una mujer "convertirse en mujer" con un hombre de quien se le dice que debe sospechar o adoptar una actitud defensiva? ¿Cómo puede una mujer "convertirse en mujer" con un hombre cuando se le hace creer que si se comporta de manera amorosa, generosa y cariñosa con su hombre, se habrá perdido a si misma? ¿Cómo puede una mujer "convertirse en mujer" con un hombre cuando se le ha dicho que ella es el centro de su universo femenino; que la maternidad, o el cuidado del hogar y el amar a su esposo son actitudes indignas de una mujer?

¿Cómo puede hacerlo?

Ahora es su turno:

Este ejercicio la ayudará a reconocerse, a evaluar y a estar más consciente y ser más sensible a los comportamientos enfocados en contra de los hombres que probablemente experimenta a diario. Lo más probable es que ni siquiera se dé cuenta de la forma como esto influye en sus actitudes y reacciones hacia su esposo. Le recomiendo que observe y registre cualquier situación de insensibilidad, hostilidad, estereotipos negativos, comentarios degradantes y abiertamente crueles dirigidos a los hombres, que lea, vea o escuche inopinadamente cada día, durante al menos una semana.

En la televisión:

En revistas y periódicos:

_____

_____

_____

_____

_____

_____

_____

_____

_____

De sus amigas:

_____

_____

_____

_____

_____

_____

_____

_____

En la radio:

_____

_____

_____

_____

_____

_____

_____

_____

_____

En Internet:

_____

_____

_____

_____

_____

_____

_____

_____

_____

De las mujeres adultas de su familia:

_____

_____

_____

_____

_____

_____

_____

_____

De sus hijos:

_____

_____

_____

_____

_____

_____

_____

_____

En películas, libros, obras de teatro, música:

_____

_____

_____

_____

_____

_____

_____

_____

Le recomiendo anotar todos los casos en los que se haya encontrado genera-
lizando en forma negativa sobre los hombres o sobre su esposo en particular.
Analice lo que obtuvo a cambio (aceptación, alivio o frustraciones, etc.).

_____

_____

_____

_____

_____

_____

Pregunte a los hombres de su familia (padre, esposo, hermanos, hijos) acerca
de sus experiencias con los prejuicios en contra de los hombres.

_____

_____

_____

_____

_____

_____

_____

¿Qué cree usted que aprendió de su madre y de su padre sobre la feminidad y la masculinidad?

_____

_____

_____

_____

_____

_____

_____

_____

_____

Ahora le pido que piense en sus recuerdos y escriba lo que recuerda haber aprendido sobre los muchachos y los hombres y los sentimientos que tuvo hacia ellos en las distintas etapas de su vida.

_____

_____

_____

_____

_____

_____

_____

_____

¿Qué piensa de su propia participación en el desdén y la negatividad de la sociedad hacia la masculinidad?

_____

_____

_____

_____

_____

_____

_____

Enumere y describa las actitudes e imágenes negativas acerca de los hombres que piense que la hayan podido influenciar.

_____

_____

_____

_____

_____

_____

_____

_____

_____

Describa esas actitudes negativas acerca de los hombres/la masculinidad que crea que tal vez ha incorporado en su modo de ver a los hombres y en su relación con ellos.

_____

_____

_____

_____

_____

_____

_____

_____

_____

Anote sus conceptos positivos sobre los hombres y la masculinidad—las cualidades que busca y admira en un hombre; ¿cuáles son y dónde obtuvo esos conceptos positivos?

_____

_____

_____

_____

_____

_____

_____

_____

Ahora le pido que escriba sobre las cualidades de los hombres (esposos, hermanos, padres, tíos, abuelos, parientes políticos) y de los muchachos (hijos, sobrinos) en su vida y cómo los ve y los juzga desde el contexto de las generalidades de opiniones ya descritas, contrarias a los hombres.

_____

_____

_____

_____

_____

_____

_____

_____

_____

_____

¿Qué cree que puede hace para contrarrestar las múltiples fuentes de negatividad hacia los hombres/la masculinidad?

_____

_____

_____

_____

_____

_____

_____

_____

Otras reflexiones y preguntas.

_____

_____

_____

CUARTA PARTE

La Debida Comprensión: ¡Es el Turno de los Hombres!

¿Cómo Entender Qué Piensan, Necesitan y Quieren los Hombres?

A pesar de tener treinta años de experiencia en la radio, una década en práctica profesional privada y cincuenta y siete años de vida, sólo cuando me preparaba para escribir este libro y mientras lo escribía, me di cuenta de que, como grupo, los esposos son, por lo general, personas insatisfechas.

Sus quejas más comunes sobre las mujeres no son tenidas en cuenta por éstas porque consideran que "así son las cosas": las mujeres tienen temperamentos mercuriales debidos a sus ciclos, sus embarazos y las fases de la luna (es prerrogativa de la mujer); les encanta criticar (pero, muchachos, es por su bien, ¡sólo intentamos mejorarlos!); tienen reacciones emocionales (oye, hiciste X cosa ¿y pretendes que no reaccione?); castigan cuando se enfadan (no estoy de humor, querido); se comunican en círculos ("no" quiere decir "tal vez," o realmente "sí," pero pretenden que los hombres adivinen la respuesta); insisten en que los sentimientos siempre son más fuertes que la razón (no hay "respuesta correcta"—y si la hubiera, sería una respuesta sujeta a cambiar en cualquier momento); además, son básicamente impredecibles en todos los aspectos ya mencionados.

Sinceramente. ¿Qué hombre ha creído que entiende a las mujeres? Esto da lugar a un cierto grado de debilidad, que lleva a un cierto grado de desesperanza, que lleva a su vez a un cierto grado de insatisfacción, y los hombres insatisfechos al final se dan por vencidos y dejan de intentar agradar a sus mujeres o relacionarse con ellas.

Pero ¿qué saben las mujeres de sus hombres? Pienso que los hombres realmente se esfuerzan por "descifrarnos." Pienso que las mujeres no se esfuerzan mucho por "descifrar a los hombres." De hecho, creo que, como mujeres, pensamos que no es muy importante tratar de "descifrarlos." Y tenemos una gran tendencia a adoptar una actitud defensiva cuando nos sugieren que los deberíamos entender mejor. Como ya lo he señalado en este libro, siempre se les ha dicho a las mujeres que deben asegurarse de obtener lo que quieran de sus hombres y creen que tienen derecho a todo eso sin importar qué tan satisfechos estén ellos en su relación. Cuando nuestros hombres nos critican, gritamos o lloramos, o reaccionamos de ambas formas . . . y en eso termina la discusión.

¿Ha escuchado el viejo adagio que dice que, "Las vacas contentas dan más leche"? Bien, esto funciona también para los toros—excepto en cuanto a la leche.

Lo siguiente es un poco de humor, obviamente escrito por un hombre, podría decirse que es más bien el lamento de un esposo. Aunque provoque algunas carcajadas, se refiere a muchas cosas que las mujeres deberían tener en cuenta.

Una oyente, "que esperaba mejorar leyendo *Cómo Cuidar y Tener Contento al Esposo,* me envió el siguiente "chiste" que ha venido circulando en el Internet.

Tenga en cuenta que . . . los siguientes puntos han sido numera-
dos todos "1" a propósito:

1. *Aprende a manejar el asiento del inodoro. Ya estás grande-*
   cita. Si está arriba, bájalo. Lo necesitamos arriba, tú lo ne-
   cesitas abajo. ¡Nunca nos oyes quejarnos de que lo dejes
   abajo!

1. *Domingo-Deportes. Como la luna llena o el movimiento*
   de la marea. No intentes cambiarlo.

1. *Salir de compras NO es un deporte. Y no; nunca vamos a*
   pensar que pueda serlo.

1. *Llorar es un chantaje.*

1. *Pide lo que quieres. Dejemos esto en claro: ¡las insinuacio-*
   nes sutiles no funcionan! ¡Las insinuaciones claras no fun-
   cionan! ¡Las insinuaciones evidentes no funcionan! ¡Sólo
   dilo!

1. *Si o No son preferiblemente las respuestas aceptables para*
   casi cualquier pregunta.

1. *Consúltanos un problema sólo cuando quieras ayuda para*
   resolverlo. Eso es lo que los hombres hacemos. En cuanto a
   identificarse con tus sentimientos, para eso están tus ami-
   gas, recurre a ellas.

1. *Un dolor de cabeza que dura diecisiete meses es un pro-*
   blema. Consulta a un médico.

1. *Cualquier cosa que hayamos dicho hace seis meses es*
   inadmisible en cualquier discusión. De hecho, todos los co-
   mentarios caducan a los siete días.

1. *Si no quieres vestirte como las chicas de Victoria's Secret, no*
   esperes que nosotros actuemos como galanes de telenovela.

1. *Si piensas que estás gorda, probablemente lo estás—no nos*
   lo preguntes.

1. *Si algo que hayamos dicho puede interpretarse de dos for-*
   mas y una de ellas te entristece o te enfurece, lo que quisi-
   mos decir fue lo otro.

1. *Puedes pedirnos que hagamos algo o indicarnos cómo*
   quieres que lo hagamos. No ambas cosas. Si ya sabes cómo
   hacerlo mejor que nosotros, hazlo.

1. *Siempre que sea posible, no olvides decir lo que tengas que decir durante los cortes de comerciales.*
1. *TODOS los hombres pueden ver sólo en dieciséis colores, como los ajustes de Windows por defecto. El durazno, por ejemplo, es una fruta, no un color. La calabaza es también una fruta. No tenemos la menor idea de qué es malva.*
1. *Si pica, lo rascaremos.*
1. *Si preguntamos qué pasa y respondes "nada," actuaremos como si no pasara nada. Sabemos que mientes, pero no vale la pena discutir.*
1. *Si haces una pregunta que realmente no quieres que respondamos, espera una respuesta que no deseas oír.*
1. *Siempre que salgamos a cualquier parte, cualquier cosa que te pongas está bien . . . de veras.*
1. *No preguntes en qué pensamos a menos que estés dispuesta a hablar de temas como béisbol, la información más necesaria del día o los súper camiones.*
1. *Tienes suficiente ropa.*
1. *Tienes demasiados zapatos.*
1. *Estoy en buena forma; esa forma es redonda.*
1. *Gracias por leer esto. Sí, sé que tengo que dormir en el sofá esta noche, pero ¿sabías que a los hombres realmente no les importa dormir en el sofá? Es como ir de cámping.*

Otro chiste de Internet me lo mandó una mujer que perdió a su esposo por el cáncer. Me dijo que pensaba que había tenido un buen matrimonio, pero

". . . si sólo hubiera tenido el libro de Cómo Cuidar y Tener Contento al Esposo *antes de que él muriera, nuestro matrimonio habría podido ser maravilloso, si sólo hubiera sabido cómo lograrlo. Nos mandan a la universidad para que podamos aprender una gran profesión, pero en algún punto del camino, perdemos de vista los conocimientos sobre cómo lograr un gran matrimonio y una gran vida en el hogar. Sólo espero y ruego que algún día tenga la oportunidad de utilizar todo este conocimiento recién descubierto y lograr un gran matrimonio.*

"Una de mis compañeras de trabajo me envió lo siguiente:

Cómo impresionar a una mujer: invítela a cenar, ofrézcale buen vino, llámela, abrácela, apóyela, sosténgala, sorpréndala, alábela, sonríale, escúchela, ría con ella, llore con ella, enamórela, aliéntela, créale, ore con ella, ore por ella, consiéntala, salga de compras con ella, obséquiele joyas, cómprele flores, tome su mano en la suya, escríble cartas de amor, vaya hasta el fin del mundo y regrese por ella.

Cómo impresionar a un hombre: preséntesele desnuda, tráigale alas de pollo y una cerveza . . . no le tape la pantalla de la televisión"

¿Se fija? ¡Yo dije que los hombres eran sencillos!

Antes de seguir con las diez preguntas que hice a mis oyentes del sexo masculino acerca de cómo satisfacían sus necesidades y sentimientos en sus matrimonios, creo que es importante que ustedes, como esposas, vuelvan a repasar estos "chistes" y piensen cuántas cosas damos por hechas en nuestra vida diaria con nuestro hombre.

Ahora es su turno:

¿Cree que, en su mayoría, estos comentarios marcados todos como "#1" son justos o injustos? Si la respuesta es sí, indique por qué—si la respuesta es no, indique por qué no. Responda la Segunda Parte de esta pregunta una semana después.

_____

_____

_____

_____

_____

_____

_____

_____

_____

Segunda Parte: ¿Cómo ha(n) cambiado su(s) punto(s) de vista sobre la pregunta anterior, ahora que han pasado ocho días . . . prestando más atención a las interacciones hombre–mujer en su hogar (y en los hogares de otros)?

_____

_____

_____

_____

_____

_____

_____

Al revisar los temas de los "chistes," ¿qué aspectos reconoció que influyan en sus actitudes y comportamientos personales con su esposo (novia, novio)?

_____

_____

_____

_____

_____

_____

_____

Escoja tres problemas o puntos que sepa que debe mejorar. Enumérelos a continuación y anote su progreso en una semana. Luego, revíselos un mes después.

1.

_____

_____

_____

2.

_____

_____

_____

_____

_____

3.

_____

_____

_____

_____

_____

Un mes después:

1.

_____

_____

_____

_____

_____

2.

_____

_____

_____

_____

_____

3.

_____

_____

_____

_____

_____

Para ayudar a aclarar a las esposas lo que los esposos realmente quieren, incluí en mi sitio web diez preguntas y pedí a los hombres que leyeran una parte o la totalidad de *Cómo Cuidar y Tener Contento al Esposo* para responderlas. Por lo general, cuando se trata de las relaciones conyugales, los hombres no están muy dispuestos a colaborar porque piensan que (a) nadie *realmente* los escucha, (b) no tienen el poder de lograr grandes cambios, (c) están en desventaja ante la superioridad verbal y la actitud furibunda (defensiva) de sus esposas, (d) probablemente serán acusados de estar equivocados de todas formas, entonces, ¿para qué molestarse? Y (e) han aprendido a buscar consuelo con respecto a sus emociones en el trabajo, los deportes, las aficiones, los niños, la televisión o el alcohol. Estos sentimientos les impiden, con mucha frecuencia, recurrir a la terapia de pareja.

Afortunadamente ¡recibí un número abrumador de respuestas! Estoy muy agradecida con todos esos hombres que se sintieron lo suficientemente seguros como para expresar sus sentimientos más profundos acerca de sus esposas, del amor y del matrimonio. Es interesante e importante observar que, en las cientos de respuestas, no hubo cientos de respuestas *diferentes.* Lo importante para cada uno de ellos pareció ser lo más importante para casi todos. Por consiguiente, resumiré las respuestas más frecuentes después de cada pregunta. Como mujeres, tenemos que tomar en serio estas respuestas.

Pregunta 1: *¿Qué parte(s) del libro dieron "en el blanco" en lo que se refiere a su matrimonio?*

Debo anotar que cuando "tabulé" las respuestas, todas las partes del libro fueron aplicables de una u otra forma para algunos hombres. A continuación presento las respuestas "típicas":

1. "La explicación de cómo el movimiento feminista ha tenido un impacto negativo en nuestra generación y en la de nuestras hijas."

2. "La vida de mi esposa está llena de cosas que hacer. Si esas cosas se enumeraran por orden de prioridad, mis necesi-

dades estarían en algún lugar después de 'reorganizar el cajón de las medias.' En un período de veinticinco años, pasé de ser la prioridad #1 a ocupar el puesto #101."

3. "La parte que habla del hombre que hace lo que sea por su esposa, da justo en el blanco. Acepté un trabajo específicamente para que mi mujer pudiera quedarse en casa con los niños. Lo hice aunque me encantaba el trabajo que tenía antes y simplemente detesto el nuevo, en el que gano más. Lo hice por ella."

4. "El mensaje tácito de que los hombres no son la primera preocupación de las mujeres. Pueden arreglárselas solas, las mujeres son las oprimidas y los hombres los opresores . . . Las mujeres se centran en sí mismas y piensan que todo el mundo gira a su alrededor. Algunas actúan como si tuvieran derecho a todo: una carrera, un marido perfecto, hijos, tiempo libre, bienes materiales, una linda casa, sirvientes, y que todo el mundo debería dejar a un lado sus propias vidas y hacer que todas estas cosas se den para ellas."

5. "Que no es nada 'poco profundo' desear hacer el amor; querer ser considerado un héroe; ser admirado; ser apreciado. Que no es 'mejor' ser mujer. Que nos gusta cuando son ellas quienes toman, a veces, la iniciativa de hacer el amor; así nos demuestran que nos consideran atractivos."

6. "He estudiado muchos libros sobre relaciones y siempre había sentido que toda la carga descansaba sobre los hombres para hacer lo que fuera posible por apaciguar a sus esposas. Ya me había resignado a que no había otra alternativa."

7. "El cambio de esposa amorosa (y, cielos, ¡era realmente amorosa!) a madre responsable. En diecinueve años, nunca ha vuelto a ser como era antes."

8. "La falta de una adecuada comunicación. La falta de elogios y aprecio. El usar el sexo como un arma o un instru-

mento. El hecho de que no entienda cómo se comportan los hombres y cómo reaccionan a lo que se les dice."

9. "El 'arma más potente' que tienen es, 'Hieres mis sentimientos.' "

10. "Amo mucho a mi esposa, pero después de todo un día de trabajo, de llegar a casa y ayudar a preparar la comida, ayudar a los niños con las tareas y llevarlos a la cama, todavía me 'reclamaba' por no haber lavado bien la ropa, y no haber limpiado bien el polvo y tener que seguir oyendo que 'nadie ayuda en la casa y tiene que hacerlo todo ella sola.' "

11. "Ya le he dicho a mi esposa que me siento como si para ella fuera sólo el cheque del mes y un esclavo. Es agotador pasar por la vida sintiendo que la mayoría de las mujeres piensan que la masculinidad no vale nada. Si nos ignoran nos sentimos rechazados y nos convertimos en personas distantes y deprimidas. Basta que nos presten atención, que nos demuestren que sí les importamos. Dejen un poquito de ustedes para compartir con sus esposos. No le den el ciento por ciento de lo que son al resto del mundo sin dejar nada para nosotros."

12. "Mi esposa adopta una actitud muy agresiva y extremadamente crítica hacia mí, sin embargo, ella es tan delicada que cualquier respuesta de mi parte es inaceptable y me considera un grosero, desconsiderado e insensible. Si le digo que algo me molesta, la estoy dominando. Si le digo que no me hable de cierta forma, la estoy dominando. Sin embargo, si ella recurre a sus miradas de desaprobación y a sus palabras condescendientes para controlarme e influir en mi comportamiento, mi forma de hablar y mis principios, no me está dominando."

13. "Me he esforzado mucho como ser humano, como hombre, como esposo, pero por más que me esfuerzo, no logro liberarme jamás del monstruo del pasado. Aún

ahora, cada vez que mi esposa se disgusta conmigo o no quiere aceptar su culpa por algo que sale mal, me echa en cara el pasado para defenderse."

14. "Un hombre es muy sencillo de entender. Basta dejar de luchar contra nosotros, dejar de considerarnos como enemigos. Lo que personalmente necesito es una rutina. Necesito mi dignidad. Necesito mi familia; a cambio de esto, mis hijos obtendrían un papá de por vida y mi esposa obtendría un hombre que estaría dispuesto a morir por ella. Es así de simple."

15. "Creo que en su mayoría, las mujeres no saben cómo comunicarse con los hombres. Por lo general, nos hablan como si fuéramos una amiga íntima. En términos generales, los hombres son mucho más específicos en su comunicación. Además, las mujeres piensan que las palabras no nos hieren fácilmente. Cuando se trata de la mujer que el hombre ama, una mirada, una expresión de reproche, algo que se diga "entre dientes" puede herirlo a uno emocionalmente más que una puñalada."

Ahora es su turno:

Por favor lea esta lista y vea si estos lamentos concuerdan con el punto de vista de su esposo. Procure ser imparcial, no adopte una actitud defensiva, sea abierta. Recuerde que mientras más conozca y entienda las "necesidades sencillas" de su esposo más podrá ejercer su poder para tener una vida más feliz. Aunque no es nada agradable admitir que se ha tenido una actitud ciega, insensible o terca, es la clave que abre el cofre del tesoro de la paz y la felicidad del hogar y de su vida.

_____

_____

_____

_____

_____

_____

_____

_____

_____

_____

_____

_____

_____

_____

_____

_____

Pregunta 2: *¿Qué cree que es lo que la mayoría de las mujeres no entiende acerca de los hombres/la masculinidad?*

1. "Quieren un hombre que sea masculino (fuerte), pero quieren controlarlo (que sea débil). Lo que la mayoría de las mujeres no entiende es que los hombres tienen que ser masculinos. Sus esfuerzos por controlar al hombre sólo sirven para emascularlo o hacer que surjan 'diferencias irreconciliables.'

   "Son tan pocos los casos en los que se le permite al hombre ser el único responsable de tomar las decisiones que cuando tiene que hacerse cargo de una situación, esto se malinterpreta como una actitud de control."

2. "El propósito que Dios nos ha dado es servir. Las mujeres no entienden que los hombres quieren hacer cosas que las hagan felices. Sin embargo, cuando las mujeres no son felices, hagamos lo que hagamos, los hombres pierden el deseo de hacer cualquier cosa por ellas. La actitud de gratitud hacia el hombre se ha convertido en una actitud de propiedad: ¡yo te pertenezco!"

3. "La mejor forma de aumentar el número de miembros de un club de golf o de vender botes de pesca es que haya mujeres que se nieguen a hacer el amor. Ya se trate de un hombre que trabaje independiente o que tenga un em-

pleo, sabe que debe trabajar antes de recibir su paga. Si los hombres están seguros de recibir una retribución una vez hecho el trabajo, darán lo mejor de sí, con mucho agrado. Cuando esa retribución no llega, no tarda en aparecer el resentimiento y es entonces cuando deciden que es mejor irse a jugar golf."

4. "Las mujeres no entienden que hacer el amor ES la forma que tiene el hombre de decir, 'Te amo.' Hacer el amor es una parte muy importante en la vida de un hombre. El que un hombre tenga que 'rogar' para poder hacer el amor, el que se le rechace o el que se cumpla este acto por salir del paso, lleva a problemas en la relación (masturbación, pornografía, fantasías acerca de otras mujeres, prostitutas, adicción por el trabajo, desquitarse con los niños, etc.)."

5. "Las mujeres NO han acaparado el mercado de los sentimientos. Los hombres tienen sentimientos y se sienten heridos, al igual que las mujeres. Soy un hombre y tengo sueños. Tengo fantasías acerca del romance y el amor. Sufro desilusiones, al igual que las mujeres. Además, en su mayoría, las mujeres no tienen la menor idea del trabajo y la presión que tienen que soportar los hombres día tras día para sostener una familia. Es mucha responsabilidad."

6. "Nos gusta ensuciarnos, oler mal ser algo rudos y estar desaliñados, a veces."

7. "Las mujeres no entienden que, al igual que ellas, los hombres necesitan insumos positivos. Con frecuencia elogio a mi esposa y le agradezco que planche mis camisas (aunque es verdad que rara vez lo hace), y siempre que es evidente que se ha esmerado en la comida, que ha ayudado a los niños con sus deberes, etc. Rara vez obtengo agradecimiento de parte de ella."

8. "Creo que nuestro propósito es lo que vemos escrito en las patrullas de policía de algunas ciudades, 'Proteger y Servir.' La sociedad ha feminizado la imagen del varón

tradicional para adaptarla a las expectativas unisexo, pasivas y de no-confrontación. Necesitamos sentimos apreciados como protectores, proveedores, amantes y conquistadores."

9. "Sé que necesitaba hablar, pero ¿no habríamos podido, al menos, mostrar cierta alegría por nuestro reencuentro, tal vez con un abrazo y un beso? Me encantaban los besos y los abrazos y, mientras fuimos novios, a ella también le gustaban, pero poco tiempo después de casarnos, dejó de disfrutarlo."

10. "No comprenden las presiones a las que están sometidos los hombres para ganarse la vida y sostener la familia."

11. "Aparentemente, las mujeres no entienden que todo lo que los hombres necesitan es que los respeten y que ese respeto proviene del comportamiento de sus esposas. Queremos ser lo más importante en la vida de nuestra mujer. Aparentemente no comprenden que los hombres buscan un refugio seguro para recuperarse de las batallas que libran fuera del hogar; ese refugio seguro lo encuentran en su esposa. Si los hombres obtienen estas cosas, lucharán hasta la muerte por su esposa y sus hijos."

12. "Si uno es un hombre bueno, fiel, fuerte, lo único que quiere es que lo alimenten, lo amen y lo admiren por algo. Eso nos da la confianza necesaria para salir a conquistar el mundo. Las mujeres no entienden que las amamos, que no amamos una imagen de la belleza, que las amamos a ellas. Hemos hecho un sacrificio para ser fieles a una mujer y estaríamos dispuestos a luchar contra todos los osos salvajes que existen para protegerlas si sólo ellas nos lo permitieran. No entienden que su deseo de cambiarnos nos priva de nuestra hombría fundamental y nos convierte en algo que realmente no queremos ser."

Ahora es su turno:

Me gustaría que examinara estos doce puntos. Anote cuáles de ellos la sorprenden o cuáles le sirven de recordatorio. Piense cuán frecuentemente mide los actos de su esposo de acuerdo a la norma femenina de reacción o comportamiento emocional. Piense con cuánta frecuencia intenta cambiarlo en vez de aceptarlo por sus propios méritos. Compare los rasgos masculinos/femeninos sin críticas—sólo en forma descriptiva. Revise este ejercicio dentro de un mes para revaluar lo que haya cambiado en su forma de pensar y en su forma de reaccionar ante su hombre con base en sus conocimientos y en la aceptación de sus características "masculinas."

Un mes después:

_____

Pregunta 3: *¿Qué significa para usted ser un "hombre"?*

1. "Que acepto, de forma activa, la responsabilidad por mí mismo y por los que me rodean. Esto no quiere decir que controle a los demás, significa que debo darme cuenta de las necesidades de los otros y responsabilizarlos de sus actos, según convenga."

2. "Cuidar de la familia, ser totalmente fiel a la esposa y vivir de acuerdo con los ideales con los que me he comprometido."

3. "Somos los motores que permiten que las cosas se hagan y los defensores de la virtud. Estamos para proteger y servir y eso es un privilegio."

4. "Buscar la aventura; ser valiente; ser un héroe; cuidar de la familia; amar a Dios."

5. "Ser hombre es ser un pilar de fuerza, siempre firme e imparcial. Equilibrado y basado en la razón, no en la emotividad."

6. "Aceptar y cumplir las responsabilidades sin importar que vengan o no las recompensas. Ser íntegros y honrados."

7. "Significa ser un esposo y un padre honrado, trabajador, buen proveedor y protector, significa también ser el líder en momentos de emergencia y crisis y tener en cuenta las muchas necesidades de mi esposa y de mis hijos—qué representan mi vida. Todo lo que hago lo hago por ellos."

8. "Ser el padre de mis hijos y enseñarles sobre la vida, la religión, las relaciones, la buena conducta como resolver los problemas."

9. "Ser fuerte y valiente. Poner mis propios deseos en segundo lugar, después de los de mi familia. Ser el proveedor de mi familia sin lamentos ni quejas. Considerar los problemas de la vida desde un punto de vista objetivo, no subjetivo, y ejercer un liderazgo basado en esa percepción."

10. "Significa expresar en forma constructiva todas las tendencias masculinas que están firmemente implantadas en mi cerebro. Esto no significa ser vulgar, estar desaliñado ni ser adicto a la pornografía. Significa ser el jefe de mi familia, desarrollar mi negocio, gritar y vociferar mientras veo un partido por televisión, proteger a mis hijos y [con cierta regularidad] hacer el amor con mi esposa. También significa hacer todo lo que esté a mi alcance por educar a mis hijos para que crezcan orgullosos de ser lo que son y se conviertan en modelos del estereotipo constructivo del varón."

11. "Un hombre hace lo que sabe que es correcto, sin importar lo que sienta. Un hombre hace lo que es correcto aunque le duela. Un hombre se levanta cada mañana y sale a trabajar para sostener a su familia, ya sea que le satisfaga o no su trabajo. Un hombre es tierno, amable con su esposa y con sus hijos. Un hombre no debe adoptar nunca la actitud de 'primero yo.' "

12. "Ser un hombre significa proveer seguridad física y financiera a mi esposa y a mis hijos. Significa ser firme como una roca, confiado y fuerte. Significa ser valiente, virtuoso y noble. Significa inspirar a otros y estar plenamente dedicado a mi esposa y a mis hijos y comprometido con ellos. Significa ser ejemplo de fortaleza e integridad para mis hijos."

Ahora es su turno:

Realmente parece evidente que los hombres piensan que su función es proteger y servir. No creo que se trate de un invento de la sociedad—creo que está incorporado en el ADN. Considere la forma como los hombres ven su función en el mundo, en primer lugar como servidores de su familia, y piense cómo las presiones culturales han demeritado la expresión de esa necesidad y la han devaluado tanto a los ojos de los hombres como a los de las mujeres.

Preguntele a su esposo cómo expresaría el "ser hombre." Recuerde, limítese a escuchar—no critique ni contradiga.

_____

_____

_____

_____

_____

_____

_____

_____

_____

_____

_____

_____

_____

_____

_____

_____

_____

Pregunta 4: *¿Qué es lo más hiriente que su esposa podría decirle o hacerle?*

1. "Faltarme el respeto. Hacerme ver como una persona sin valor ante sus amigas o ante nuestros hijos."

2. "Decirme lo que he dejado de hacer cuando he pasado una hora en limpiar algo."

3. "'No piensas más que en eso . . . ¡hagámoslo de una vez y salgamos del problema!"

4. " 'Si no _____, te dejaré.' "

5. "Me hace sentir insignificante. Le he dicho que me siento solo, triste, deprimido y que necesito hablarle de nuestra relación. ¿Cuál es su respuesta? 'No tengo tiempo ahora.' NUNCA tiene tiempo."

6. "Negarme su afecto, ya sea físico o emocional. La necesito. Ella es la dueña de mi corazón."

7. "Dar más importancia a otras cosas que la que me da a mí—sobre todo poner en primer lugar a nuestros hijos o a sus parientes. Ver que se sacrifica y encuentra tiempo de hacer cosas por los demás, pero que no tiene tiempo ni deseos de sacrificarse por hacer lo que le pido."

8. "Ignorarme. Prefiero que me rechace a que me ignore."

9. "Referirse a mí con adjetivos peyorativos o considerar que mis valores son estúpidos. Decir, o dar a entender, que no me necesita. Decirme que soy un pedigüeño cuando le pido cualquier cosa en nuestra relación. Hacerme sentir que, por más que me esfuerce, lo que hago nunca es suficiente."

10. "Corregirme constantemente porque nunca digo lo que ella piensa que debía haber dicho. Acusarme de ser malo cuando no quiero hacer lo que ella quiere."

11. "Lo más doloroso que mi esposa puede hacerme es expresar su desaprobación por la forma como hago algo y que demuestre descontento cuando mis atenciones o regalos no cumplen sus expectativas."

12. "Lo más doloroso que puede hacerme es no demostrarme su amor y no reconocer las cosas que hago por ella con amor y cariño."

13. "Nunca está satisfecha. Tenemos una casa grande, automóviles, etc., pero nunca he tenido esa sensación de 'Hola, ¡éste es mi esposo y es todo lo que necesito!' "

Ahora es su turno:

Quisiera que tomara algún tiempo para revisar las respuestas anteriores. ¿Cuáles son los problemas básicos que expresan? Procure imaginar su matrimonio desde este punto de vista. Anote cuáles de sus actitudes cree que son probablemente las que su esposo tenga en cuenta. Determine algunas formas de remediar la situación.

Pregunta 5: *¿Qué es para usted lo más maravilloso que su esposa puede decir o hacer?*

1. "Iniciar un encuentro romántico. Mostrarse tan entusiasmada por la intimidad física como yo."

2. "Decir 'Gracias' o 'Te amo' sin que yo lo tenga que incitar diciéndoselo primero."

3. "Sólo ser feliz."

4. " 'Te aprecio; eres mi héroe; ¿quieres hacerlo (el amor)?' "

5. "Que se casara de nuevo conmigo y comenzaramos de nuevo."

6. "Que extendiera una silla de jardín mientras trabajo, y leyera un libro, y sólo me observara, y me hablara un poco, y admirara al hombre con el que está casada."

7. "Es maravilloso cuando se pone su mejor vestido, se arregla el cabello y se maquilla, y usa un poco de perfume, ¡sólo para mí!"

8. "Ser una 'niña' y utilizar todos sus encantos conmigo."

9. "Decir 'Lo siento' cuando no tiene la razón."

10. "Todas las pequeñas cosas que acarician mi ego y me hacen sentir como 'el hombre.' "

11. "Que cuando llego a casa me salude con un abrazo y un beso y me diga que está feliz de estar cascada conmigo."

12. "Lo más maravilloso que podría hacer por mí, sería demostrarme sinceramente que la hago feliz y que lo agradece (no en forma superficial, sino a un nivel real) y, por último, que le gustaría estar conmigo aún después de que hayamos dejado estos cuerpos."

13. "Que me preguntara algo y no me interrumpiera mientras intento responderle."

14. "Cuando dice, '¿Qué te gustaría para tu cumpleaños o para Navidad?,' yo digo, 'Tenerte a ti—desnuda.' Eso debe ser

algo realmente difícil para ella, porque por lo general, lo
que recibo es una camisa."

15. "Cuando me dice que me ama y me estrecha contra ella."

16. "Estar satisfecha de que yo sea quien soy."

Ahora es su turno:

Si alguna vez se preguntó qué se requiere para hacerlo feliz, creo que ésta lista lo
indica muy bien—y también deja muy claro lo fácil que es satisfacer a su hombre. De nuevo ganan las Aes: aprecio, atención, afecto, aprobación. Comience a
anotar las veces que usted le demuestra cualquiera de estas Aes—y preste atención a las respuestas tanto inmediatas como a largo plazo.

Pregunta 6: *¿Qué es lo más difícil de ser hombre?*

1. "Trabajar duro sin que reconozcan mis esfuerzos."

2. "Estar en una relación en la que hay poco o ningún aprecio, en donde casi todo es un problema, y en donde yo no soy suficiente."

3. "Tener tantas responsabilidades—tantas tareas que cumplir—sin demostrar debilidad. Seguir adelante a pesar del cansancio, el desánimo o la enfermedad."

4. "Intentar ser todo para todos. Ser la persona de la que se espera que trabaje todo el día para ganarse el sustento de la familia y luego llegar a casa para cumplir todas las tareas que se espera que cumpla en la noche en mi hogar, y estar allí para los niños, ayudarles con sus deberes, acompañarlos a rezar las oraciones, e inclusive ayudarlos con sus proyectos. Aparentemente nadie entiende que, de vez en cuando, necesitamos un poco de tiempo para nosotros, sin que nos hagan sentir que lo estamos perdiendo cuando podríamos estar haciendo algo más productivo."

5. "Tener que saber leer el pensamiento. Cuando es evidente que mi esposa está disgustada por algo o está disgustada conmigo, y le pregunto qué le pasa, por lo general recibo una de estas tres respuestas: 'Nada,' o 'Si no sabes, no te lo voy a decir' o 'No sé.' "

6. "Nuestras esposas se quejan de nuestras tendencias masculinas y, sin embargo, en el fondo, lo que desean es realmente que uno las proteja y las sostenga. Pero, por la influencia de las feministas furibundas, de la mala prensa, de los malos consejos y de las amigas desorientadas hasta el punto de encontrarse en un estado casi esquizofrénico entre sus esfuerzos por crear un esposo fuerte y sin embargo compresivo, individualista y sin embargo conforme, pasivo y sin embargo luchador, exitoso, pero sólo hasta el punto en que no llegue a representar un inconve-

niente para sus necesidades. La sociedad ha desdibujado a tal grado la imagen de lo que debe ser el hombre que no es de sorprender que haya por ahí tanto hombres confundidos."

7. "Tener que verse obligado a disimular los verdaderos sentimientos cuando la esposa nos hiere. Tener que mostrarse fuerte cuando se está al borde de las lágrimas por el dolor."

8. "Sentirnos confundidos por nuestros sentimientos y emociones. Los hombres no hablan de sus sentimientos y emociones como lo hacen las mujeres. Creo que se le puede presentar al hombre una tarea y descifrará la forma de realizarla, pero cuando se trata de comunicar sentimientos y emociones con claridad, o de entender los sentimientos y emociones de la pareja, no hay tarea más difícil. Preferiría estar en un cuadrilátero con un campeón de boxeo que soportar una crisis emocional difícil con mi esposa. Creo que podría decir que me asusta porque no sé qué hacer."

9. "Ser visto como un tonto insensible y egoísta."

10. "Uno está prácticamente solo. No hay mucho apoyo emocional para los hombres."

11. "Saber que, en último término, uno es el único responsable de todo. El fracaso es más difícil para el hombre porque ¡no hay excusas! Mi experiencia en leyes que conciernen a la familia me ha hecho entender que NUNCA ha habido una mujer que se haya considerado culpable, siquiera en un 25 por ciento, por un matrimonio fracasado, aunque el fracaso se haya debido a su adulterio."

Ahora es su turno:
Quisiera que repasara estas respuestas y pensara con qué frecuencia las personas que forman parte de su vida (sus amigos, sus parientes, etc.) expresan compasión por los hombres. Es fácil ignorar la rueda que no chirrea; ¿qué se le puede haber

pasado por alto de lo que su esposo tiene que enfrentar por el hecho de ser hombre? ¿De qué forma cree que usted pueda haber aumentado y/o aligerado sus "cargas"?

Recuerde: es muy fácil caer en la disculpa de "¡yo también tengo problemas!" Procure no llegar allí. Intente mantener una posición comprensiva. No compita con él, no se defienda, no critique y no discuta. Simplemente esté ahí para él en su mente y en su corazón. La recompensa será un cúmulo de bendiciones.

Pregunta 7: *Si su esposa ha leído el libro, ¿qué cambios ha adoptado?*

1. "Noté de inmediato un cambio porque sus respuestas se hicieron más amables."

2. "Apenas va por el Capítulo 3, pero hasta ahora, ¡todo ha mejorado! En nuestra nueva etapa, ya me ha preparado dos sándwiches." (*Nota de la autora:* en la introducción de

Cómo Cuidar y Tener Contento al Esposo hay una carta de "John" que se refiere a que los hombres tienen necesidades muy sencillas. Su comentario fue: "A los hombres sólo nos interesan dos cosas: si no es el momento para hacer el amor, prepárame un sándwich."

3. "Se ha vuelto menos crítica. Está más dispuesta a permitir que tome en mis manos las decisiones sin necesidad de adivinar mis motivos. Lo que usted ha establecido, Dra. Laura, es que el matrimonio es similar a una religión. Si uno tiene fe en Dios, abandona en sus manos toda las preocupaciones y adopta una actitud tranquila hacia la vida."

4. "En primer lugar, se ha esforzado por apreciar las cosas que hago en el hogar y lo que hago con nuestra hija para aliviarle el trabajo. Solía ser difícil agradarla, sobre todo después de un pesado día de trabajo. En segundo lugar, no se había dado cuenta de que yo necesitaba sentir que ella se preocupaba de cuidar y mantener 'mi castillo.' Ahora se dedica más a cuidar la casa y se esfuerza por convertirla en un cielo donde descansar después de un largo día de trabajo."

5. "¡Ha habido cambios sorprendentes en el término de una semana! ¡En dos oportunidades ha iniciado las relaciones sexuales y no ha habido queja ni discusiones!"

6. "Se ha mostrado más cariñosa y dispuesta a elogiarme— ésto no quiere decir que se hubiera portado mal antes. Me casé con una mujer increíble."

7. "Lloramos y oramos juntos. Se disculpó por haberme dado por descontado y por haberse preocupado por todo menos por mí. Fue maravilloso. Estoy muy agradecido."

8. "Ha servido para que mi esposa sea más sensible a mi necesidad de que encontremos tiempo para la intimidad."

Ahora es su turno:

Me gustaría que considerara estas preguntas:

1. ¿Se siente incómoda al cambiar su comportamiento hacia él? ¿Qué cree usted que contribuya a esa incomodidad y qué puede hacer para superarla?

_____
_____
_____
_____
_____
_____
_____
_____
_____
_____
_____
_____
_____

2. ¿Qué es lo que más la asusta de mostrarse más atenta y cariñosa con él?

_____
_____
_____
_____
_____
_____
_____
_____
_____

_____

_____

_____

_____

_____

_____

_____

3. ¿Qué reacciones de apoyo o actitudes negativas observa en sus amigas íntimas en relación con los cambios que está realizando en su matrimonio/ relación?

_____

_____

_____

_____

_____

_____

_____

_____

_____

_____

_____

_____

_____

_____

_____

_____

4. ¿Cuál(es) cree que sea(n) la(s) razón(es) básica(s) de que algunas mujeres se sientan ofendidas, se muestren hostiles, o se nieguen a leer *Cómo Cuidar y Tener Contento al Esposo?*

_____

_____

5. Como esposa, ¿cuáles serían sus mejores argumentos en contra de la pregunta #4?

6. ¿Cómo la afectará el haber leído *Cómo Cuidar y Tener Contento al Esposo* y también este libro de trabajo la forma como eduque a su hija acerca del matrimonio y de los con respecto a hombres?

Pregunta 8: *¿Qué cambios ha hecho en respuesta a la Pregunta #7?*

1. "Siempre agradezco que mi esposa prepare cualquier cosa, así sea sólo un perro caliente. Ahora que compra algunos de los alimentos que me agradan, le he dicho que he notado ese detalle y que también se lo agradezco."

2. "Estoy mucho más consciente del gran esfuerzo que hace por ser amable y complacerme. Esto me ha hecho desearla y desear complacerla aún más. Ahora, quiero pasar el resto de mi vida sólo con ella."

3. "No siento que tenga que estar siempre a la defensiva cuando vuelvo a casa, y no temo abrir la puerta cuando llego tarde. Aún procuro ayudar lo más que pueda con los trabajos domésticos, pero la noche es mucho más agradable y tenemos más horas de tranquilidad. Me esfuerzo más por salir del trabajo a tiempo."

4. Procuro, constantemente, tratar de ver qué puedo hacer para ayudar a mi esposa—para facilitarle la vida y hacer menos pesado su día."

5. "He intentado ser más sensible a sus prioridades cuando ayudo con las tareas domésticas. También me esfuerzo por entender mejor sus estados de ánimo y discutir los problemas en los momentos en que esté con menos presión."

6. "¿Cómo puedo ser un patán gruñón si me trata con tanto cariño? Estoy mucho menos centrado en mí mismo."

7. "Creo que puedo comunicarme mejor con ella, puedo expresar mis respuestas a sus comentarios y preguntas de manera más completa, cuidadosa y ponderada. Probablemente, me siento más seguro de hablar. Creo que a ella le gusta."

8. "Ya no me escondo en mi oficina del sótano a jugar juegos de computador para evitar su rutinaria frialdad. Es como si fuéramos novios otra vez. No tengo que aguantar su cantaleta cuando estoy con ella. Ahora espero ese momento con entusiasmo."

Ahora es su turno:

¿Qué cambios sutiles y evidentes ha observado en su esposo desde que comenzó a leer el libro?

_____

_____

_____
_____
_____
_____
_____
_____
_____
_____
_____
_____
_____
_____
_____
_____

¿Cuáles son algunas de las cosas positivas que ha empezado a observar y a apreciar en su esposo?

_____
_____
_____
_____
_____
_____
_____
_____
_____
_____
_____
_____
_____
_____
_____
_____

¿Qué es lo que más le sorprende de haber tenido éxito en transformar la actitud el comportamiento de su esposo sin tener que recurrir a las constantes quejas?

_____

_____

_____

_____

_____

_____

_____

_____

_____

_____

_____

_____

_____

_____

_____

_____

Este sería un buen momento para reunirse con un grupo de sus amigas y hablar de sus padres y sus madres y de quién tenía realmente el control emocional. ¿Diría que "generalmente" los hombres tienen que "cuidarse" cuando están con sus esposas debido al carácter impredecible de sus respuestas emocionales y al miedo a "contrariarlas"?

_____

_____

_____

_____

_____

_____

¿Diría que las mujeres han diseñado unas vidas tan cargadas de tareas que no pueden detenerse a "poner las rosas" en su propio matrimonio? ¿Cómo cambiar esa situación?

Pregunta 9: *¿Cuáles son las ventajas/desventajas del matrimonio para un hombre?*

1. "¿Hay aspectos negativos? Aún con nuestros retos sexuales, es mejor que la absoluta soledad. Mi esposa es adorable y los hijos son una gran bendición de Dios."

2. "La ventaja consiste en la satisfacción de cuidar a la esposa y a la familia. Los puntos negativos son que no siempre obtengo el agradecimiento que deseo y que sólo hacemos el amor cuatro veces al año."

3. "La ventaja sería tener un propósito en la vida. La desventaja está en que ser un hombre en mi hogar es un papel al que he tenido que renunciar, un rol despreciado, por el que se siente desdén sin otra razón que el hecho de que yo sea hombre. Mi esposa aprendió de su madre que los hombres son un mal necesario. Mi rol es un infierno."

4. "He sido bendecido con la que es mi mejor amiga y con cuatro hijos excelentes que están sanos, son alegres y extremadamente talentosos—algo heredado de su madre— el matrimonio le da orientación y propósito a mi vida al igual que un sentido de logro. No puedo pensar en ningún aspecto negativo concreto, y si lo hiciera, no me detendría a analizarlo, dado que cambiar mi vida no es una opción."

5. "Ventaja: LA FAMILIA. ¡Adoro a mi familia! Desventaja: no poder hacer cosas sin la familia, como ir de pesca."

6. "¡Las ventajas son muchas! Me encanta estar casado. Considero que gracias a ello soy saludable. Tengo una esposa amorosa que me cuida y se ocupa de mi bienestar. Es la única persona en el mundo que se preocupa por mí. Los aspectos negativos del matrimonio son que hay poca oportunidad de salir a buscar aventuras. Me encanta el deporte náutico de competencia de yates o coleccionar

autos deportivos. Ser casado significa que mis deberes y responsabilidades para con mi familia están primero."

7. "Ventaja: tener una relación amorosa con la esposa y la familia. Ser respetado, admirado. Tener una EXCELENTE vida sexual a largo plazo. Ser padre: enseñar, entrenar, ayudar con las tareas domésticas, ver/participar en el desarrollo de la familia. Asistir a la Iglesia unidos, sentarnos en la banca de la Iglesia delante de Dios y rendirle culto todos juntos. Tener una compañera con quien hacer las cosas. Aspectos negativos: casarse con la persona equivocada por lo que la mayoría de las cosas antes mencionadas no se dan."

8. "Se tiene a alguien con quien acomodarse en un sofá o alguien que lo mantenga a uno caliente durante la noche. Supuestamente, se tiene sexo a solicitud. Se comparte la alegría de progresar juntos—al empezar prácticamente con nada e ir esforzándose hasta lograr un hogar estable y próspero. Aspectos negativos: PMS (síndrome premenstrual)".

9. "En realidad, me gusta el matrimonio. Lo que no me gusta es estar casado con la mujer con quien me casé. El matrimonio es la forma de compartir la carga de la vida diaria y darse uno mismo. Desafortunadamente, en nuestro matrimonio ese no es el caso. Si mi esposa comparte con alguien, es con su madre. La trata como una diosa y a mi hijo y a mí nos trata como si fuéramos un par de vagos. No trataría a un perro como me trata mi esposa."

10. "Las ventajas son que tengo una esposa y unos hijos que amo y que me aman. Haría lo que fuera por mi familia. Las desventajas son que no me queda tiempo libre para salir y descansar o simplemente quedarme en casa sentado, sin sentir que se espera que haga algo por alguien."

11. "Las ventajas serían tener a alguien a quien amar, alguien por quien vivir, saber que al menos hacemos feliz la vida de una persona; y tener una amiga que esté con uno, pase

lo que pase. Los aspectos negativos surgen cuando nos enredamos en tantos detalles insignificantes y negativos y olvidamos el amor, que hace que todo lo demás carezca de importancia."

12. "Las ventajas de un matrimonio positivo son las recompensas de casarse con una mujer que crecerá con uno. Una mujer que nos permitirá ser su héroe y, al mismo tiempo, a través de su esfuerzo, se convierta en nuestra heroína. Un buen matrimonio es como encontrar una amiga íntima con quien relación se intensificará con la presencia de los hijos y con el simple, descomplicado e interminable gozo del amor sexual. No hay aspectos negativos en un buen matrimonio."

13. "Si el matrimonio es bueno, realmente no tiene aspectos negativos para el hombre. Las ventajas son muchísimas: amistad, afecto, alguien con quien compartirlo todo, mejor salud, mejor nutrición, noches más cálidas, alguien que tenga en cuenta que la corbata no va con el traje que uno se ha puesto. Por otra parte, hay muchos aspectos negativos en un matrimonio malo. El hombre tiene más dinero para gastar cuando es soltero. Un hombre con un mal matrimonio está constantemente deprimido; siente que nunca logrará ser lo suficientemente bueno. Un hombre mal casado no tiene seguridad, ella puede dejarlo cuando se le antoje y llevarse a los hijos, así como una porción considerable de sus ingresos por gran parte del resto de su vida."

14. "Todo matrimonio representa una ventaja para un verdadero hombre. Para un hombre, todo matrimonio tiene que ver con domesticar las fuertes inclinaciones masculinas que pueden ser constructivas si son fomentadas por una mujer visionaria, o llegar a ser destructivas si no se desarrollan. Un muchacho con rasgos masculinos positivos normales se convertirá en un hombre que compartirá su vida con una mujer y que le dará un propósito a la vida dentro de una familia. El hombre puede ser responsable

de mucha de la vitalidad que rodea a una familia; pero es
la mujer quien modera esta vitalidad para el progreso de
la vida familiar y de los hijos dentro del hogar."

Ahora es su turno:
¿Qué aspectos comunes ve en estas respuestas?

_____

_____

_____

_____

_____

_____

_____

_____

_____

Reflexione sobre el punto #14. Analice el concepto de la mujer que domestica al hombre. ¿Cuán importante cree que sea el papel de la mujer para moldear el comportamiento de un hombre?

_____

_____

_____

_____

_____

_____

_____

_____

_____

Piense en la forma como ha "domesticado" a su esposo.

_____

_____

_____
_____
_____
_____
_____
_____

¿Cuáles cree que sean las ventajas del matrimonio para una mujer?

_____
_____
_____
_____
_____
_____
_____

¿Cuáles cree que puedan ser las desventajas de un matrimonio para una mujer?

_____
_____
_____
_____
_____
_____
_____

¿Qué diferencias ve entre el hombre y la mujer en lo que se refiere a su forma de percibir las ventajas y desventajas del matrimonio?

_____
_____
_____

_____
_____
_____
_____
_____
_____

¿Todos los aspectos "negativos" del matrimonio (por ejemplo: la falta de libertad) son realmente pérdidas o representan renuncias razonables a ciertas cosas para obtener a cambio otras igualmente buenas o mejores?

_____
_____
_____
_____
_____
_____

Pregúntele a su esposo qué ha sacrificado por su matrimonio.

_____
_____
_____
_____
_____
_____
_____

¿Qué ha sacrificado usted por su matrimonio?

_____
_____
_____
_____

_____
_____
_____
_____
_____
_____

¿Cree que las recompensas del matrimonio sean una retribución justa por los sacrificios que implica?

_____
_____
_____
_____
_____
_____
_____
_____
_____
_____

Pregunta 10: _¿Cuáles son los cambios que sabe que debe hacer para mejorar su matrimonio?_

1. "Debería ser más comunicativo con ella y no frustrarme, hasta el punto de no hablarle, cuando no actúa como yo quiero o no me da la aprobación que busco."

2. "Soy lo bastante humilde como para reconocer que no soy perfecto y que tengo que mejorar. Debo esforzarme por mantener nuestra relación viva y vibrante, porque en doce cortos años, nuestros hijos se habrán ido y volveremos a estar solos. A medida que he ido creciendo en mi trayectoria espiritual, nuestros lazos se han ido fortaleciendo cada vez más."

3. "Debería acariciarla con afecto muchas veces al día, buscar formas de demostrarle constantemente mi agradecimiento y mi aprecio, saber escuchar mientras estamos solos y nos acariciamos, sin interrumpirla; y procurar apoyarla en cuanto diga sin darle soluciones. Al hablar, dejar de lado lo que esté haciendo y mirarla y tocarla para prestarle apoyo."

4. "Debo ser más sensible con mi esposa y tratar de ser más romántico. A veces, a los hombres no nos gustan los romanticismos, pero sé que las mujeres los aprecian. Procuraré reservar más energía para salir con ella con más frecuencia. Me canso y, por lo general, lo único que quiero hacer es descansar, pero salir puede ser también una forma de descanso."

5. "Demostrarle más amor con abrazos y besos. Cuidar más lo que digo."

6. "Tengo que aprender a escuchar mejor a mi esposa y no impacientarme cuando sólo quiere hablar o desahogarse. Escucharla sin tratar de resolver el problema. Tengo que aprender a llegar a tiempo a cenar todas las noches, en el comedor (algo en lo que nunca había pensado hasta que leí su libro)."

7. "Procurar ser más consciente de ayudar a mi esposa y demostrarle cuánto la quiero y cuánto significa para mí."

8. "Debo salir más y compartir más con mis hijos y dejar que mi esposa tenga algo de tiempo libre. De cualquier forma, quiero estar más tiempo con mis hijos, por lo que será una situación en la que todos saldremos ganando."

9. "Esforzarme aún más por pensar, en cada minuto, qué podría hacer para hacerla feliz."

10. "Decirle lo que me está pasando y confiar en que me escuche."

11. "Necesito realizar más actos de bondad."

12. "Debo ser el líder fuerte de nuestro hogar, ayudar a elaborar los planes y asegurarme de que lo que hay que hacer se esté haciendo. Debo estar más atento a lo que debe hacerse en la casa y estar dispuesto a hacerlo sin que me lo pidan."

Ahora es su turno:
¿En qué aspecto(s) cree que sea más difícil ser un hombre que una mujer?

_____

_____

_____

_____

_____

_____

_____

_____

_____

_____

_____

¿En qué aspecto(s) cree que sea más difícil ser una mujer que un hombre?

_____

_____

_____

_____

_____

_____

_____

_____

_____

_____

¿Cuáles cree que sean las cosas relacionadas con las mujeres que los hombres nunca "entenderán"?

_____

_____

_____

_____

_____

_____

_____

_____

_____

_____

¿Cuáles cree que sean las cosas relacionadas con los hombres que las mujeres nunca "entenderán"?

_____

_____

_____

_____

_____

_____

_____

_____

_____

¿Cuáles cree que puedan ser algunas de las incompatibilidades básicas entre los hombres y las mujeres?

_____

_____

_____

_____

_____

¿Cuáles son las cosas que, en su concepto, las mujeres tiene que "aceptar" acerca de los hombres y que ellas no pueden/no deben intentar cambiar?

¿Cuáles son las cosas que, en su concepto, los hombres tienen que "aceptar" acerca de las mujeres y que ellos no pueden/no deben intentar cambiar?

¿Qué es "eso" que usted desearía que su esposo le perdonara?

¿Qué es "eso" que usted debería perdonarle a su esposo?

¿Cuáles cree que sean los impedimentos mas significativos para lograr la paz en su matrimonio?

¿Qué hará al respecto?

_____

_____

_____

_____

_____

_____

_____

_____

_____

Dado que los hombres no expresan fácilmente sus sentimientos o emociones, ni son tan prácticos como las mujeres para expresar abiertamente lo que sienten, tal vez esta sección haya servido para ayudarle a comprender mejor el impacto emocional que el trato que reciban de sus esposas tiene en ellos. Es fácil que una mujer no "detecte" el estado emocional de su esposo. Las mujeres tendemos a sumergirnos en un mundo intenso y explícitamente emocional, colmado de otras mujeres, naturalmente muy expresivas, niños con un alto grado de actividad y una avalancha de revistas y programas de televisión con temas de psicología popular, por lo que resulta aún más comprensible que no se detecte o se subestime el estilo sutil e indirecto de los hombres de comunicar sus sentimientos.

En lugar de preguntar a su esposo, "¿Cómo te sientes?," sería mejor que prestara atención a su lenguaje corporal, a sus expresiones, a su nivel de felicidad y energía y a su disposición a responder a sus pedidos, o a sus comportamientos de rechazo (la televisión, las computadoras, el trabajo) para deducir que algo está sucediendo, y luego preguntarle qué "necesita" o "quiere." Repito que debe dejar de preguntarle lo que siente, lo que debe preguntarle es qué le hace falta. Si está atenta a sus respuestas, el resultado será mejor que el que se logra soplándole en el oído . . . a menos, claro está, que ¡eso sea lo que él quiera!

QUINTA PARTE

Para Tener Contento al Esposo: Inspiración y Consejos

¡Cómo Utilizar Su Poder de Mujer!

*Todo lo que pido de una mujer es que sienta
ternura por mí cuando mi corazón se enternece por ella,
entonces se producirá entre nosotros ese leve,
levísimo repicar de campanas nunca antes escuchado.
No pido más.*
—D. H. LAWRENCE

Me he sentido increíblemente conmovida y satisfecha con las respuestas que he recibido de las mujeres que han leído *Cómo Cuidar y Tener Contento al Esposo* y, en efecto, han descubierto que pueden, como en realidad lo han hecho, transformar a sus esposos, sus matrimonios y sus vidas en experiencias felices. Esas mujeres han descubierto su verdadero poder en la amabilidad del toque femenino.

Una de ellas escribió:

"Gracias. Gracias . . . He estado casada apenas diez meses, ¡pero me doy cuenta de cuánto necesitaba este libro hace diez años! Estoy en el comienzo de mi cuarta década de vida, y fui educada bajo el feminismo, sin que se me enseñara el verdadero poder de la mujer.

"Solía creer que para tener poder debía luchar—luchar por mi independencia, respeto, autoridad. ¿Sabe qué logré con eso? Soledad, miedo, e ira. Al mirar atrás, puedo ver que fue debilidad, no fuerza y una sensación de ser la víctima, no de poder, lo que sentía. No sabía cómo ser mujer.

"He venido aplicando lo que usted me ha enseñado en su libro, y lo que la he oído decir en su programa de radio. Saber hacer frente a los grandes retos de la vida como pareja es un factor esencial—ahora me doy cuenta de que son las cosas pequeñas de cada día las que pueden mantener fuerte y lleno de amor mi matrimonio.

"Las cosas pequeñas que hago por mi esposo ahora son las que han marcado una gran diferencia—cosas como levantarme un poco más temprano para tenerle listo el desayuno antes de irme a trabajar, decirle lo orgullosa que estoy de él, dejarle pequeñas notas de amor escondidas para que él las encuentre y cuidarme para que sepa que me siento orgullosa de ser su esposa y que eso es algo que no doy por hecho.

"A veces, sus ojos se llenan de lágrimas y me dice cuán agradecido está de tenerme por esposa. Estos pequeños momentos son los más grandes para mí. No sabía que podía tener un impacto tan grande en mi esposo.

"Gracias, Dra. Laura, por decirme cómo honrar y cuidar mejor a mi esposo. Gracias, Dra. Laura, por enseñarme el verdadero poder y la responsabilidad de ser mujer."

Apenas unas pocas semanas después de la publicación de *Cómo Cuidar y Tener Contento al Esposo,* incluí una pregunta en mi sitio Web: "Con base en la lectura de *Cómo Cuidar y Tener*

Contento al Esposo ¿qué cambios específicos hizo?" La respuesta típica fue:

"En primer lugar, me he vuelto más alegre, menos gruñona. He dejado de renegar, y he aprendido a detectar el momento en el que tiendo a actuar así y me controlo antes de hablar. Me he vuelto más cariñosa, lo abrazo y lo beso con más frecuencia y me intereso más en hacer el amor. He comenzado a elogiarlo más, a expresarle mi gratitud por lo mucho que trabaja y por ser un excelente papá. Ya no me quejo tanto de las cosas que me disgustan. Preparo con más frecuencia sus platos favoritos. He comprado unos cuantos juegos de ropa interior incitantes. Me esfuerzo más por controlar mis emociones durante el período premenstrual—esto es lo que me ha resultado más difícil ya que se presenta como un cambio de temperamento incontrolable que me vuelve esquizofrénica."

La segunda parte de la pregunta se refería a los cambios a corto y largo plazo que observaba en su esposo como respuesta a su "cuidado y atención":

"A cambio, él se ha vuelto:
- *más colaborador con las tareas domésticas*
- *más amoroso y cariñoso*
- *llama para decirme que me quiere*
- *pregunta qué puede hacer por mí*
- *me elogia por la forma como cuido a mis hijos y por otras cosas*
- *me invita a salir*

"En cuanto a los cambios 'a largo plazo,' todavía no los puedo notar, pero estoy segura de que su amor crecerá (al igual que el mío) y que podremos superar más fácilmente los problemas—como un equipo bien unido. Además, nuestros hijos se benefician de ver nuestra actitud. Menos tensión, menos disgustos, menos resentimientos—más amor, más risas y trabajo en equipo."

¿Subyugación? ¿Opresión? ¿Pérdida de identidad? No. Es EL PODER DE MUJER. ¿Se da cuenta de su posición, benevolencia, impacto y bendición?

Las siguientes son algunas declaraciones de mujeres que quedaron francamente sorprendidas del impacto de su PODER DE MUJER:

*"Luego me llamó a la oficina a las 9 a.m., sólo para decirme que me amaba. ¡Me sorprendí! Nunca, créame cuando le digo que **nunca** lo había hecho. Así que, con sólo cambiar un par de cosas, que no me costaron ningún trabajo, logré un gran cambio. Mi hija de ocho años me preguntó por qué papi estaba tan contento. Me limité a sonreír y le dije 'Porque mami lo ama."*

Otra:

"La respuesta inmediata de mi esposo (me avergüenza decirlo) fue, 'Me tienes asustado.' Cuando le pregunté por qué, me respondió, 'Porque estás muy cariñosa conmigo . . . ¿Qué anda mal?' Ya han pasado unas cuantas semanas y está más contento. Menos tenso. Es divertido. Ríe con más frecuencia. Es más tolerante con nuestros tres hijos adolescentes. ¡Su actividad sexual (y la mía) ha aumentado muchísimo!"

Otra:

"Antes de leer su libro ya estábamos muy enamorados, pero comprendí muy claramente lo fácil que era ignorar los pequeños detalles de nuestra relación que realmente son muy importantes para el amor de mi vida. Me he vuelto a enamorar locamente de él y tenemos una relación de pareja mucho más completa que nunca."

Otra:

"Me volví más paciente y le mostré más afecto, hasta el punto de que ya no me importuna tanto con el sexo. En cambio, es él quien dice sentirse agotado ¡de tanto hacer el amor!"

Otra:

"No tenía la menor idea de que los hombres fueran tan vulnerables—me conmueve. No tenía la menor idea de que mi comportamiento como esposa fuera tan vital para su bienestar emocional. Me parece tan tierno que quieran ser nuestros héroes. ¿Sabe?, Dra. Laura, creo que pensaba que la carrera y la función de un hombre como proveedor de su familia eran suficientes para hacerlo sentir importante. Nadie me había enseñado que la aceptación y la aprobación de la esposa fueran tan indispensables para que un hombre se sintiera VALORADO. ¡Saber que mi amor de mujer tiene tanto poder me hace sentir feliz de ser mujer!"

Y por último:

"Tomé la decisión consciente de dedicarle a mi esposo diez minutos sin interrupciones antes de cenar. Normalmente, no recibo más que un abrazo un beso y un hola, hasta después de la cena. Durante esos diez minutos, no dije ni una palabra de las cosas que me habían malhumorado durante el día (no me importaba ganar la competencia de cuál de los dos había tenido 'el peor día'), le pregunté cómo le había ido, me interesé por el proyecto en el que estaba trabajando y le hice los comentarios que me solicitó, luego le dije que la cena estaría lista en una media hora. Salió de su estudio ANTES de que la cena estuviera lista (normalmente lo tengo que sacar de allí a tirones para que venga a cenar) y conversó y me ayudó a poner la mesa y todas esas cosas. ¡ESO ES PODER! La razón por la cual hice estas cosas sencillas es porque usted ha insistido constantemente en el poder que tiene la mujer para establecer el ambiente del hogar ¡y eso es totalmente cierto!"

Ahora es su turno:

¿Qué es lo que más le preocupa y cuáles son los principales problemas de "cambiar"?

¿Qué es lo que más le preocupa de las reacciones de su esposo a los cambios que ve en usted?

¿Qué sentimientos espera poder eliminar/despertar con estos cambios?

¿Qué le gustaría que su esposo le dijera a sus amigos acerca de usted como esposa, cuando usted no está presente?

_____
_____
_____
_____
_____
_____
_____
_____
_____

¿De qué formas especiales piensa que su esposo necesita que "lo quiera y lo atienda"?

_____
_____
_____
_____
_____
_____
_____
_____
_____
_____

Hace poco recibí una llamada de una mujer de veinte años, que representa el epítome de la principal razón de que los hombres estén "hambrientos." Llamó porque su novio de cuatro años hirió sus sentimientos. Por supuesto.

Parafraseando el diálogo:

KATHY: Me dijo que si me iba a estudiar odontología a una escuela fuera del estado, no se casaría conmigo.

DRA. LAURA: ¿Quieres decir que él no quiere casarse con alguien que va a estar fuera del estado durante los primeros cuatro años de su matrimonio?

KATHY: Sí. No lo entiendo. Eso me dolió mucho.

DRA. LAURA: Bromeas.

KATHY: No, no bromeo. Es algo que no puedo controlar. La escuela de San Francisco aún no me ha avisado si me acepta, pero de no ser así, no tendré alternativa.

DRA. LAURA: ¿De veras? ¿No hay alternativa?

KATHY: No.

DRA. LAURA: ¿No puedes entender su preocupación y sus sentimientos a este respecto?

KATHY: No. Teníamos planes para casarnos.

DRA. LAURA: ¿Qué otros planes tienes tú?

KATHY: Bueno, yo pensaba casarme después de graduarme de la escuela de odontología, cuando cumpla veintiocho. Entonces, trabajaría por dos años y tendría un hijo a los treinta.

DRA. LAURA: ¿Es ese tu *programa?*

KATHY: Sí.

DRA. LAURA: Bien ¿sabes una cosa? Si tienes relaciones sexuales con la suficiente frecuencia, cualquiera que sea el método de control natal, quedarás embarazada. Estas cosas no siempre se pueden cronometrar.

KATHY: Oh, sí, yo lo haré. No tendré un hijo antes de los treinta.

DRA. LAURA: ¿Cómo lo vas a garantizar?

KATHY: Con la abstinencia.

DRA. LAURA: ¿Esperas que este muchacho se case contigo y no te vea durante cuatro años y luego mantener la abstinencia debido a tus reglas de programación? ¿Y, si no lo hace, es un patán insensible y egoísta que hiere tus sentimientos? ¡Santo cielo!

Desafortunadamente, esta mentalidad está bastante generalizada entre la nueva generación de esposas y madres. Es evidente que el hecho de ser "esposa" y "madre" ya no tiene ninguna prioridad, aunque son todavía experiencias "deseadas." La parte "deseada" es ese instinto natural de unirse y dar amor que es una característica dulce y preciosa de toda mujer. Sin embargo, dado que estamos tan "avanzadas desde el punto de vista de la evolución" es muy fácil pasar por encima de lo que es natural recurriendo a una guardería (¡conseguir a alguien que haga el papel de madre!) y descuidando y haciendo infelices a los esposos (¡cómo se atreven a obstaculizar el progreso de nuestra autoactualización!).

Siempre ha habido mujeres incapaces de dar amor y cariño a sus esposos y a sus hijos, o que se sienten incómodas al hacerlo, debido a un grave maltrato físico, mental o sexual, a una enfermedad mental, a adicciones, a la ausencia de modelos paternos y maternos adecuados, a una historia de relaciones difíciles, etc. Sin embargo, lo nuevo es una evidente despreocupación por las necesidades y los sentimientos de los hijos y los esposos—que no cambia con "la época." Como ya lo he indicado, se trata del horrendo subproducto de una cultura centrada en el feminismo que ha devaluado lo que es realmente significativo (el sacrificio, el compromiso, la obligación, la moralidad, la lealtad) a cambio de una gratificación y una ganancia material inmediatas, un extraño concepto de igualdad de los sexos e igualdad de poder.

La independencia emocional, el dinero, las posesiones y la posición, a costa de la independencia emocional y las obligaciones para con la familia no hacen más poderosa a la mujer. De hecho, son, en realidad, una triste pérdida para las mujeres. De ahí el título de este libro *Poder de Mujer*. Nosotras, las mujeres, tenemos que recuperar el poder que nos ha sido arrebatado por las horribles y aparentemente invisibles fuerzas que nos han alejado de lo que en, último término, es lo importante, y ejercer ese poder para lograr cambiar a nuestros esposos, nuestras familias y nuestras vidas.

Esto, claro está, no significa que no podamos tener profesiones, trabajos, pasatiempos y otros intereses fuera del hogar. No significa que tengamos que olvidarnos de lo que realmente somos, el centro de la unidad familiar. Cuando nuestros intereses externos dominan, cuando dejamos que las tensiones dicten nuestros estados de ánimo y nuestra disposición de mostrarnos amables y generosas, cuando nos comportamos como si el matrimonio y la vida en general tuvieran que ver exclusivamente con "nosotras," cuando nos irritamos ante la misma bendición de nuestra importancia para la familia, ese centro se desintegra y no podemos ser felices como mujeres.

Me llaman las mujeres que están experimentando todo esto. Hablan de la sensación de confusión y estancamiento. Se han dejado convencer por el concepto del "equilibrio" y no saben qué hacer cuando toda la pila de platos se derrumba y se hace añicos contra el piso. ¡El equilibrio es un concepto vacío! No considero que el equilibrio sea el concepto adecuado ni la filosofía más correcta. El equilibrio suele significar "hacerlo todo," y las cosas por las que realmente no se recibe una retribución en dinero quedan relegadas al último lugar.

Una vida más sana, más feliz, más exitosa, tachonada por la alegría, proviene de tomar las *decisiones correctas.* Cuando llegamos a una bifurcación del camino, no "equilibramos" pasando de un camino al otro ¿verdad? No. Elegimos uno de los dos. Así es, las opciones significan renunciar a algo. Cuando decidimos cortarnos el cabello ya no podemos volverlo a recoger rápidamente en una cola de caballo ¿verdad? Hay quienes consideran las alternativas como algo malo por el mismo hecho de tener que renunciar a una o más cosas. Son muchos los hombres que me han escrito diciendo que al casarse se dan cuenta de que tienen que abandonar sus vidas de solteros, renunciar a salir con amigas y gozar de la vida sin obligaciones, lo que para ellos puede ser muy divertido . . . por un tiempo. Cuando optan por la otra alternativa, por el camino del compromiso conyugal, expresan la alegría y el orgullo que provienen de cuidar de la esposa y de los hijos; de proveer para la familia y protegerla, de convertirse en los jefes, los héroes, los modelos a seguir para sus hijos, los amantes de sus esposas. El único caso en el que se sienten insatisfechos con esa elección es cuando son marginados y despreciados por sus esposas. Sin embargo, la mayoría de los hombres que se encuentran en esa situación, se queda y la soporta por lealtad y por cumplir su obligación, porque es lo que un "verdadero hombre" haría.

No hay razón para el nivel epidémico de insatisfacción conyugal que encontramos hoy en día. Como mujeres, tenemos el poder de cambiar esta situación. Todo poder es una carga; todo poder trae consigo una responsabilidad. Sin embargo, hay que recordar que ese poder es una bendición que puede dar lugar a un número aún mayor de bendiciones. Las cartas y las llamadas que incluyo en esta parte del libro las he querido compartir para que sirvan de motivación e inspiración. Prepárese a conmoverse, a experimentar el reto, a sentir compasión, emoción y, tal vez, algo de miedo. ¿Miedo de qué? Bien, si el triste estado de su matrimonio y de su vida se ha convertido en algo habitual, tal vez le resulte difícil imaginar lo que podría ser la satisfacción de los cambios que se obtengan, las decisiones que se tomen, el mejoramiento de la comunicación, la intimidad y aún la felicidad.

Bien, querida amiga, abroche su cinturón, ¡emprenderemos un viaje emocionante!

Una Nueva Actitud

Como ya lo he repetido hasta el cansancio, el factor más importante que determina la calidad de su estado de ánimo, de su matrimonio y de su vida es su "actitud." La actitud se refiere a sus convicciones, a su forma de pensar, a sus sentimientos y creencias acerca de algo, que, en último término, determinan su comportamiento. Ahora bien, ¿tiene que cambiar de actitud antes de poder utilizar de manera eficiente su PODER DE MUJER? Sí, así es. ¿Por qué? Porque cuando todo se filtra a través de la negatividad, la hostilidad, el resentimiento, el dolor, la ira y la competitividad, el único resultado es una perspectiva de desesperanza y debilidad.

Así no es posible captar y, por consiguiente, no es posible beneficiarse de la belleza que está ahí a su disposición.

Una lectora decidió ensayar una "nueva actitud":

"He decidido ser feliz en lo que respecta a mis 'deberes' diarios para con mi familia y realmente me ha dado alegría cumplirlos. Es gracioso ver cómo el simple cambio de concepto hace que todo encaje en su lugar. Ahora busco pequeñas formas de demostrar mi amor haciendo cosas sencillas para mi esposo. Me doy cuenta de que durante meses se ha estado esforzando por satisfacerme pero nada de lo que hacía parecía ser lo suficientemente bueno para mí—esa actitud de pensamiento negativo que usted tanto ha explicado. Sentí lástima de mi pobre esposo por haber soportado mi comportamiento durante tanto tiempo. Y debido a mí, toda la familia estaba insatisfecha, a la defensiva, como si caminara sobre cascaras de huevos.

"Mi esposo siempre está dispuesto a hacerme el amor. Antes le tenía temor, pero ahora lo disfruto. Ahora me complace saber que todavía me desea, aunque tengo unos kilos de más que he ido ganando en el curso de 13 años y medio de matrimonio. Últimamente nuestros hijos están más contentos porque somos una pareja más feliz. En una oportunidad hablamos muy en serio de divorciarnos, ahora ni siquiera lo pensamos. Muchísimas gracias por salvar mi matrimonio."

"Decidió ser feliz" con sus tareas domésticas.

"Decidió ver" las cosas bellas que él había estado haciendo por ella y por su familia.

"Decidió mostrar entusiasmo" por hacer el amor.

Ahora tiene un esposo que le dice cosas más dulces, que pasa menos tiempo frente a la computadora en las noches, que la llama a la oficina para decirle lo linda que estaba la noche anterior a la hora de la cena, que le deja un animalito de peluche sobre su almohada, que la lleva al cine después de almuerzo, aunque detesta las multitudes, que la ayuda con su trabajo limpiando el patio, y habla de ella con sus amigos elogiando su talento para tallar objetos en madera.

Todo gracias a un cambio de actitud. ¡Vaya!

Ahora es su turno:

Haga una lista de todos los comportamientos y rasgos de su esposo que haya podido considerar como negativos y procure darles un "giro" hacia lo positivo (por ejemplo: es exigente en los detalles. Tal vez es porque quiere ser útil y piense que no le estoy prestando atención a lo que dice. Tal vez sólo esté ansioso por ser perfecto y necesite saber que lo considero mi héroe, tal como es.) Esto será difícil al principio. No se preocupe. Un cambio de actitud y el deseo de ver las cosas desde un punto de vista novedoso y positivo cuando hemos tenido el reflejo habitual de responder desde un punto de vista negativo, requiere cierta práctica.

_____

_____

_____

_____

_____

_____

_____

_____

_____

_____

_____

Otra lectora había tenido la actitud habitual de considerar a su esposo como un "bueno para nada" y esa era la razón por la cual no eran felices. Después de leer *Cómo Cuidar y Tener Contento al Esposo* se dio cuenta de que ¡ella también era una "buena para nada" por su forma de tratarlo!

> *"Lo peor fue cuando empecé a oír a mis dos hijos hablarle a mi esposo y me di cuenta de que lo que oía era el reflejo de la forma como yo siempre le hablaba. Me sentí muy avergonzada. Al igual que tantas mujeres que llaman a su programa, pensaba que merecía algo por el día de San Valentín, sólo por el hecho de ser la mujer que era y de ser su esposa—sin importar la forma despreciable como me había estado comportando con él.*
>
> *"Me alegra decir que, después de leer su libro y poner en práctica lo que allí dice, por primera vez en dieciséis años de matrimo-*

nio, me desperté y encontré una tarjeta y un regalo, como la primera manifestación de amor esa mañana. Fue uno de los momentos más felices de mi vida. No porque me hubiera hecho un regalo, sino porque sabía que en esta oportunidad, lo merecía."

Ahora es su turno:

Piense cómo su comportamiento con su esposo afecta las reacciones de los demás (los hijos, los amigos, la familia) hacia él.

_____

_____

_____

_____

_____

_____

_____

_____

_____

Haga una lista de cinco formas en las que él la haya tratado mal y cinco formas en las que usted lo haya tratado mal. Tome sólo una de las actitudes suyas que crea que puede estar ayudando a que él la trate mal—observe que ocurre cuando usted cambia su forma de tratarlo. Déle unos cuantos días. ¿Qué descubrió?

_____

_____

_____

_____

_____

_____

_____

_____

Otra esposa me escribió para contarme que su esposo ya le había dicho que su forma de tratarlo era horrible. Me dijo que fue un milagro que el libro *Cómo Cuidar y Tener Contento al Esposo* hubiera llegado a sus manos justo después de esa triste experiencia. Se dio cuenta entonces de que las múltiples veces que él le había reclamado por su mal comportamiento no habían sido majaderías, sino la exigencia de respeto de parte de un esposo herido que reclamaba este derecho en su propio hogar.

> *"Este maravilloso, trabajador, inteligente, gracioso y fuerte líder y amante no ha cambiado mucho desde que lo conocí. Fui YO y fueron mis absurdas expectativas las que opacaron mi visión de él. Mi mala actitud se había convertido en un hábito y en un comportamiento compulsivo."*

Luego, describía unos cuantos ejemplos de lo que ella consideraba su "comportamiento perverso" que consistía en demeritar sus momentos de triunfo o de alegría buscando algún aspecto negativo que destacara las razones por las cuales ella se sentía "herida" debido, por ejemplo, a la hora del día a la que la llamaba para contarle que lo habían ascendido. Ella siempre encontraba alguna razón para culparlo de todo.

Una noche, recordando las lecciones del libro sobre la actitud, se dio cuenta de que justo en ese momento se estaba comportando de forma antipática y cambió de inmediato su actitud negativa por una positiva.

> *"Esa noche también me metí a la ducha con él para mostrarle mi aprecio por sus logros . . . ¡ nunca, hasta entonces, había imaginado que pudieran salir chispas bajo el agua!"*

Otra esposa se dio cuenta de que era posible fomentar una mala actitud aún sin expresar abiertamente su propia insatisfacción. Al leer *Cómo Cuidar y Tener Contento al Esposo* dijo,

> *". . . me encontré identificándome más con mi esposo, y con los hombres en general. Mi actitud defensiva desapareció. Comencé a*

sentir más energía. En dos días [de practicar esta nueva actitud] me dijo, 'Parece una luna de miel.' Lo mejor de todo es que después de veintisiete años de matrimonio, me estoy enamorando de nuevo de mi esposo.

"Antes de leer su libro, me hubiera dado una calificación de 90 por ciento como esposa. Era cooperadora y respetuosa y mis quejas y críticas las consignaba en un diario que guardada para mí. Me sentía tensa y extenuada y comía para aliviar el estrés. Ahora, me daría un 95 por ciento porque el deseo de renegar y criticar, aún por escrito, ya no existe. El hecho de no expresarlo en voz alta no significaba que no nos estuviera afectando a ambos."

Ahora es su turno:

Examínese para determinar cuántas actitudes negativas está rumiando en su diario, en su mente, o con otras personas. Cada vez que vengan a su mente esas imágenes negativas, cámbielas de inmediato por algún recuerdo positivo que tenga de él. Anote unos cuantos de esos momentos en su diario y observe cómo cambian sus sentimientos.

Una oyente, comprometida para casarse, expresa pánico hacia el matrimonio como consecuencia de su propia actitud.

"Estoy comprometida pero, principalmente por razones financieras, no me casaré hasta dentro de un año y medio. Estoy algo preocupada por la idea de casarnos porque me preocupa, más que todo, que nuestra relación pueda convertirse, a la larga, en algo similar a la relación que tienen mis padres. Ahora me doy cuenta de que soy víctima de las experiencias que he visto hasta el momento—¡la calidad del matrimonio vendrá principalmente de las decisiones que yo tome! Durante este año y medio, pienso leer su libro y aprender a mantener una relación armoniosa entre mi futuro esposo y yo. Adoptaré el hábito de hacer las cosas que le agraden para demostrarle cuánto lo aprecio ya sea que 'tenga deseos de hacerlo' o no."

Ahora es su turno:

Me gustaría que analizara las actitudes acerca del matrimonio, la maternidad y el "papel de esposa" que observó en sus padres; los aspectos tanto positivos como negativos. ¿Qué cree que deba "aprender" o "desdeñar"? ¿En qué aspectos ve que esté tratando mal a su prometido con base en las experiencias de su hogar paterno?

Otra lectora me escribió para comentar la actitud reflejada
por una compañera de oficina en relación a una amiga que se
casó con un hombre de una cultura más tradicional. La ironía
de las críticas de su compañera de trabajo, comparadas con sus
propias alternativas de vida, destacan un factor importante de la
actitud: su perspectiva.

> *"Recuerdo que una mujer con la que trabajaba me contó que una
> de sus compañeras de colegio se había casado con un árabe, y me
> describió cómo su amiga estaba obligada a prepararle sus platos
> tradicionales y cómo no se le permitía trabajar fuera del hogar.*
>
> *"Cuando le hice algunas preguntas, supe que su amiga tenía
> una maestría, pero permanecería en su hogar para educar a sus
> tres hijos pequeños hasta que tuvieran edad para ir al colegio, algo
> que su esposo le había pedido que hiciera y que ella hacía de muy
> buena voluntad.*
>
> *"Pensé en lo perturbada que estaba esta colega con el estilo de
> vida de su amiga. Luego pensé en la vida que llevaba mi colega,
> quien tenía dos hijos de dos padres diferentes, ya no vivía con nin-
> guno de ellos y tenía dos trabajos para poder cubrir los gastos.
> ¿Cuál de las dos es la oprimida?"*

Ahora es su turno:
Piense en los "modelos clásicos, tradicionales, del hombre y la mujer" hacia los
que haya tenido una mala actitud e imagine que vive en ese entorno. ¿Cómo
cree que eso podría mejorar o empeorar su vida? ¿Qué comportamientos cree
que podría inclusive disfrutar, de no ser por los conceptos y puntos de vista negativos de la sociedad acerca de los modelos tradicionales del hombre y la mujer?

_____

_____

_____

_____

_____

Y ahora, para hacer una pausa refrescante, una de mis oyentes me envió el siguiente chiste de Internet:

Excelente Consejo para las Señoras

Si quiere alguien que esté dispuesto a comportarse como un tonto simplemente por la dicha de verla . . . compre un perro.

Si quiere alguien que coma cualquier cosa que le sirva y nunca diga que no es tan bueno como lo que su madre le preparaba . . . compre un perro.

Si quiere alguien que siempre esté dispuesto a salir, a cualquier hora, por el tiempo y al lugar que usted desee . . . compre un perro.

Si quiere alguien que ahuyente a los ladrones sin un arma letal que la aterrorice y ponga en peligro las vidas de los miembros de su familia y de todos sus vecinos . . . compre un perro.

Si quiere alguien que se contente con subirse a su cama, sólo para calentarle los pies y a quien pueda empujar y sacar de allí si ronca . . . compre un perro.

Si quiere alguien que nunca toque el control remoto, que no se interese por el fútbol, y que pueda permanecer sentado junto a usted mirando una película romántica . . . compre un perro.

Si quiere alguien que nunca la critique por lo que hace, que no le importe si usted es hermosa o fea, gorda o flaca, que actúe como si cada palabra que usted diga fuera algo realmente digno de ser escuchado, y que la ame perpetua e incondicionalmente . . . compre un perro.

Pero si, por otra parte,

Quiere alguien que nunca venga cuando lo llama,

Que la ignore por completo cuando llegue a casa,

Que deje pelos por todas partes,

Que pase por encima de usted,

Que corretee toda la noche,

Que sólo venga a casa a comer y a dormir,

Que actúe como si usted existiera única y exclusivamente para garantizar su felicidad,

Entonces, mi amiga,

¡Compre un gato!

Ahora es su turno:

Quisiera que pensara en todas las expectativas que tiene y todas las exigencias que le hace a su esposo en cuanto a su actitud y sus comportamientos, SIN TENER EN CUENTA el grado en el que usted lo "atiende y satisface." Piense en lo que puede hacer para atenderlo y cuidarlo para que él adopte una actitud que permita que se cumplan muchas de esas expectativas.

_____

_____

_____

_____

_____

_____

_____

_____

_____

_____

_____

Mandy, una oyente que llamó a mi programa hace poco, tenía una pregunta que hacerme que no tenía nada que ver con *Cómo Cuidar y Tener Contento al Esposo*. No obstante, comenzó la conversación diciéndome que el libro le había cambiado para siempre la vida. No pude resistir la tentación de preguntarle por qué. Lo que hablamos, que tenía mucho que ver con la actitud, fue un llamado a la humildad y algo muy conmovedor. Me gustaría compartirlo con usted.

MANDY: Antes de su libro nos íbamos a divorciar.

DRA. LAURA: ¡¿De verdad?!

MANDY: No sabía qué hacer. No tenía absolutamente ningún conocimiento y, antes de leer su libro, simplemente me había dado por vencida. No sabía qué otra cosa podía hacer. Y luego, después de que él me consiguió el libro, lo leí y . . . beso los pies de mi esposo cada día.

DRA. LAURA: ¿Qué entendiste después de leer el libro que no hayas comprendido antes?

MANDY: Bueno, el simple hecho de lo que es mi papel como esposa; y lo realmente simples y básicos que son los hombres; y que las mujeres comenten el error de convertirlos en personas tan complicadas. Tan pronto como me di cuenta de eso, mis luchas cesaron, dejé de cuestionarlo todo el tiempo y, desde entonces, todo ha sido maravilloso.

DRA. LAURA: Entonces, básicamente, lo que estás diciendo es que fue un cambio de actitud.

MANDY: Definitivamente, un cambio de actitud. Cien por ciento.

DRA. LAURA: Si tuvieras que describir en una sola palabra cuál era tu actitud antes del libro y cuál es tu actitud después del libro ¿podrías encontrar dos palabras para describir estas dos actitudes?

MANDY: Antes—egoísta. Después—agradecida.

DRA. LAURA: ¿Agradecida, por qué?

MANDY: Porque es un hombre sorprendente. Es un trabajador incansable. No tiene ningún comportamiento tonto y me trata de forma maravillosa.

DRA. LAURA: ¿Cuál crees que haya sido la razón por la que no te habías dado cuenta de eso antes de leer el libro?

MANDY: Porque pienso que esperaba demasiado y que solamente me quería dar gusto. Esperaba que él fuera romántico todos los días. Y eso no estaba bien. No debería haber querido algo así. Tengo que dar de manera generosa y sinceramente y no lo estaba haciendo.

DRA. LAURA: ¿Por qué piensas que no lo hacías?

MANDY: Probablemente por un comportamiento previamente aprendido de cómo manejar a los hombres, que imité de mi madre. Siempre pensé que no respetaba a mi padre, que no agradecía lo mucho que trabajaba. Creo que me lo trasmitió.

DRA. LAURA: Entonces, cuando tu marido te dio el libro, considerando la actitud que tenías entonces ¿por qué estuviste dispuesta a leerlo?

MANDY: Todavía quería buscar una solución, aunque había llegado al punto de desear el divorcio. Todavía había una parte de mí que le rogaba a Dios que sucediera algo que nos permitiera solucionar las cosas.

Lo primero que pensé cuando me dio el libro, lo primero que me vino a la mente, fue que si era un libro tradicional y se trataba de cómo tener una actitud sumisa ¡lo tiraría a la basura! Y (ríe) cuando empecé a leerlo, no era nada de eso. Era maravilloso y sus palabras eran tan simples, tan básicas, y sin embargo hay muchas mujeres que aún no lo entienden.

DRA. LAURA: Te agradezco que lo digas y me siento feliz de haber salvado a esos pequeños de un hogar destrozado.

MANDY: Oh, también yo estoy feliz.

¿Se fija? ¡Adoptar una nueva actitud da resultado!

A fin de trabajar en su actitud, otra lectora hizo una rápida lista comparativa de las formas dispares como ella y su esposo enfrentaban los aspectos normales y naturales del matrimonio. Quedó consternada al ver su propia lista:

Mi Esposo	*Yo*
busca la intimidad	*encuentro excusas para no tener relaciones*
se esfuerza por trabajar mucho para sostener a la familia	*me centro en mis propias ocupaciones*
me hace regalos	*les encuentro defectos / los cambio por otra cosa*
intenta programar planes para toda la familia	*reniego, no los tomo en cuenta, procuro tener siempre la razón*
me dice que soy hermosa	*me visto con ropa vieja, no me depilo las piernas ni me esfuerzo por cuidar mi apariencia*

"*Es apenas una muestra del ANTES. Afortunadamente, me complace decir que me he transformado en el AHORA. Hace poco, después de una noche de intimidad, mi esposo me hizo el siguiente comentario: 'Increíble, pareces estar tan motivada.' Mi respuesta fue: 'Estoy cumpliendo una misión.' Él sonrió y se fue a la cama con una tonta sonrisa en su rostro.*

"*El otro día, mientras él lavaba los platos, me le acerqué por detrás y le dije, 'Cuando lavas los platos, me excitas.' Prometió que lavaría los platos los 365 días del año.*"

Ahora es su turno:

Dedique algún tiempo a pensar en la *descripción absoluta* de cualquier "evento o problema" que haya tenido con su esposo, y en la *interpretación subjetiva* que le haya dado a esa situación (qué es lo que, en último término, la deprime). Por ejemplo—él hace/deja de hacer algo y usted lo "interpreta" como una actitud incorrecta, insensible, egoísta, vengativa, incomprensiva, etc. ¿Podría tratarse simplemente de un acto inocente carente de todas esas connotaciones? Dedique una semana a buscar esos momentos y anótelos a continuación.

_____

_____

_____

_____

_____

_____

_____

_____

_____

_____

APRECIO: ¡DARSE CUENTA DE QUE YA HA ENCONTRADO ORO!

"Es mi héroe, mi amante, mi mejor amigo, pero, lo que es más importante, es mi esposo.

"Gracias, Dra. Laura, por abrirme los ojos y darme la visión ¡para ver lo que siempre tuve!"

Un cambio de actitud contribuye, en efecto, a adoptar nuevas formas de ver y disfrutar la función de esposa. Los cambios de actitud positivos mejoran las posibilidades de alcanzar la paz interior y la felicidad mutua. La siguiente etapa de su viaje consiste en darse cuenta de que, si ningún esfuerzo, ya ha pasado la señal que indica SIGA y ha cobrado $200; su esposo está cargado de regalos.

Como escribió una de mis oyentes:

"He aprendido a apreciar las cosas pequeñas que hace mi esposo, aunque sólo sea sacar algo del congelador para la cena. He podido observar que me doy cuenta de los detalles, las pequeñas ayudas que me da, en lugar de fijarme solo en lo que creo que hace mal."

Ahora es su turno:

Haga una lista de las cinco críticas que más frecuentemente le hace a su esposo.

_____

_____

_____

_____

_____

_____

_____

_____

Haga una lista de los cinco cumplidos que más frecuentemente le hace a su esposo acerca de los "detalles pequeños."

_____

_____

_____

_____

_____

_____

_____

_____

Decida cuáles de las críticas eran necesarias . . . ¿son, en realidad, lo suficientemente importantes como para mencionarlas una y otra vez? ¿De veras?

_____

_____

_____

_____

_____

_____

En cuanto a las críticas que, en su concepto, debe hacer: Después de cinco días de elogios, sin esas críticas, vea cuántas de ellas le siguen pareciéndo importantes y cuáles han sido debidamente aceptadas por su esposo sin necesidad de repetírselas constantemente.

Otra oyente hizo la siguiente contribución:

"Pensaba que tenía un buen matrimonio—no perfecto, pero sólido, estable y resistente a los problemas con la familia política, una hija adolescente, un ex esposo inútil, un traslado de residencia al otro lado del país, y una multitud de problemas de la vida diaria. Mi esposo no juega, no bebe ni usa drogas; hace años que dejó de fumar y es un padre muy activo, tiene una excelente ética profesional; JAMÁS pensaría siquiera en levantarme la mano, es fiel como el que más a sus promesas matrimoniales, me permite tener cerdos de 175 libras en nuestra casa.

"Entonces ¿por qué me comporto como una bruja? Nunca le he agradecido ninguna de las cosas maravillosas que ha hecho por mí, por nosotros, día tras día. Solía hacer chistes sobre él cuando

las personas lo elogiaban delante de mí. Después de leer su libro, dejé de centrarme en MÍ y en lo que necesito y quiero, y dejé de quejarme por lo que él no hace. Luego, comencé a agradecerle lo que hace y a pensar en sus necesidades. Da resultado. Los dos somos más felices."

Ahora es su turno:

¿A qué cree que se deba que le sea difícil decirle a su esposo cuánto aprecia todo lo que realmente hace?

_____
_____
_____
_____
_____
_____
_____
_____
_____
_____

¿Qué cambio(s) ha notado en su esposo desde que ha comenzado a elogiarlo por las "cosas pequeñas"?

_____
_____
_____
_____
_____
_____
_____
_____
_____
_____
_____

Otra oyente me envió una copia de una lista que hizo de las "bendiciones en su vida" después de que se dio cuenta de que no agradecía realmente lo que tenía ante sus ojos.

"Me di cuenta que estaba alimentando mi inútil ira al centrarme en lo que no me gustaba de mi vida, en vez de agradecer todas mis bendiciones."

El Recuento de Mis Bendiciones

1. *El amor, la inteligencia, la lealtad y el sentido del humor de mi esposo*
2. *El amor, la belleza y el espíritu de mi hija*
3. *El amor, la bondad y la fuerza de mi hijo*
4. *La dedicación, el entusiasmo y el humor de mis dos mejores amigas*
5. *La dulzura y las convicciones morales de mi cuñada*
6. *Mi buena salud*
7. *La seguridad financiera*
8. *Mis caminatas diarias por el bosque con los hermosos pinos y el océano pacífico en las proximidades*
9. *El cantar a coro las canciones tradicionales populares*
10. *Encontrar un buen libro y leerlo*
11. *Disfrutar una película con mi esposo*
12. *Estar al tanto de los hechos de actualidad*
13. *Preparar y comer platos deliciosos*
14. *Crear y vivir en un hermoso hogar*
15. *Arroparme con un edredón, cerca al fuego, con mi esposo, mis hijos y mi perro*
16. *Escuchar el programa de la Dra. Laura*
17. *Aceptar el regalo de la vida*
18. *Agradecer la presencia de Dios en nuestras vidas*

Ahora es su turno:

Nadie niega que haya situaciones dolorosas, difíciles, lamentables en la vida de cada uno. Sin embargo, la calidad de la vida no depende de esa lista . . . depende, en gran medida, de la forma como se responda a esos retos. Uno de los aspectos básicos de una buena actitud hacia el matrimonio es una respuesta más filosófica a la vida en general. Quisiera que se tomara el tiempo de escribir la lista de sus bendiciones. Repásela todos los días—¡especialmente cuando sienta que va a entrar en un mal estado de ánimo!

_____

_____

_____

_____

_____

_____

_____

_____

_____

_____

_____

_____

_____

_____

_____

_____

_____

Es hermoso cuando una mujer descubre que su problema no son los "hombres," sino lo que ella *piensa* de ellos. Cuando una mujer abandona su ira innecesaria, se produce algo hermoso, como lo revela la siguiente lectora:

"Me encanta nuestro recién descubierto romance, y todo lo que se requirió para encontrarlo fue un cambio de actitud de mi parte.

Durante mi adolescencia crecí con el ejemplo del odio y la desconfianza hacia los hombres en general, hacia mi padre en particular. No tenía ningún modelo masculino admirable que me mostrara lo que era el 'verdadero hombre.' Tenía ante mí a mi esposo, que se esforzaba al máximo por mostrármelo y todo lo que yo hacía era ignorarlo, despreciarlo, faltarle el respeto y centrarme en mí misma. Gracias, gracias, por esta 'nueva actitud.' "

Resulta demasiado fácil ser desagradecida e ignorar el valor de lo que el esposo nos da. Otra lectora escribió:

"Abusaba de él verbalmente, era exigente, lo despreciaba y me quejaba sin cesar. Pero nunca se me ocurría elogiarlo, animarlo, darle seguridad ni agradecerle nada. Mi indiferencia hacia sus logros (las cosas que 'se suponía que debía hacer') hacían que mi esposo se sintiera poco motivado. Luego, mientras más permitía que las cosas se deterioraran en el hogar, más desanimado, innecesario e ineficiente se sentía. Su impresión de no ser importante y no servir para nada en la casa lo llevó a tener un corto amorío.

"En lugar de escandalizarme por esa situación, me encontré reconociendo que aunque, en último término, salirse del matrimonio fuera decisión de mi esposo, yo era responsable por haberlo llevado a tomar esa decisión. Mis acciones y actitudes hacia él habían ayudado a plantar la semilla de una alternativa que él elegiría cuando tuviera delante otra mujer.

"Me di cuenta de que no había sabido cuidarlo ni tenerlo contento. Cuando descubrí su relación, esperé que llegara a casa esa noche para confrontarlo. Le pedí a Dios que me diera calma, sabiduría y el suficiente autocontrol para manejar de manera RACIONAL la conversación y cualquier cosa que pudiera suceder. Lo pensé bien antes de hablar, no me dejé atrapar en la arena movediza de la 'reacción.' Y pude escuchar todo lo que mi esposo tenía que decir con una actitud de amor y comprensión. Durante las siguientes tres o cuatro horas, mi esposo y yo tuvimos la mejor y más profunda conversación que jamás hubiéramos tenido, probablemente desde antes de casarnos.

"Desde entonces, mi esposo me ha contado que oírme decir lo importante que era él en mi vida, ver la elegancia de mi comportamiento bajo presión y la madurez emocional con la que lo abordé esa noche, fueron los últimos clavos que cerraron el ataúd de esa relación."

Describió las siguientes semanas como un tiempo de compromiso para honrar a su esposo y descubrirse ella misma. Le pidió a Dios que le diera a su esposo una nueva esposa, ¡y que esa nueva esposa fuera ella! No esperó a que él "estuviera de ánimo" para hacer los cambios necesarios a fin de mantener vivo su matrimonio.

"Empecé a buscar y a hacer cosas, las cosas que mi esposo necesita para sentirse admirado y apreciado. Y, en vez de sacar de mi bolso algunos trucos sólo para ocasiones especiales, empecé a sacar de allí al menos un truco cada día. ¡¡ES DIVERTIDO!! Dra. Laura, me estoy divirtiendo tanto DANDO FELICIDAD a mi esposo. Me siento como la esposa que siempre quise ser—la esposa que equivocadamente pensé que mi esposo tenía la responsabilidad de descubrir con sus comportamientos y actitudes. Y, esto, a su vez, me está haciendo encontrar al esposo que siempre supe que él era."

Ahora es su turno:

Quisiera que reflexionara sobre algunos comportamientos desagradables y malos de su esposo. Procure darse cuenta de la desmoralización que sufre el hombre cuando su esposa no lo considera su héroe.

¡No todo tiene que ver
exclusivamente con uno!

"Tengo un matrimonio perfecto, entonces ¿por qué habría de ne-cesitar este libro? Con sus indicaciones, encendí la linterna para alumbrar hacia adentro y comencé a examinarme desde una nueva perspectiva—desde la perspectiva de mi esposo. Comencé a oírme a través de sus oídos y a verme a través de sus ojos. ¡¡¡QUE HORROR!!! Cuando con tanta autosuficiencia decía, 'Tengo un buen matrimonio, no lo estaba viendo desde el punto de vista de mi esposo.

"Si se lo preguntaran ¿respondería él lo mismo? Tal vez, pero lo más probable es que no utilizara palabras como 'satisfac-torio,' 'seguro,' 'excitante,' ni 'perfecto,' como lo haría yo. Podría emplear adjetivos como 'tenso,' 'inseguro,' 'frígido' o 'mundano.' ¿No es triste? ¡¡Es hora de despertar!! ¡¡¡Compré de inmediato su libro!!!"

En realidad, he quedado algo sorprendida y bastante impre-sionada por la amorosa sensibilidad expresada por tantas mujeres en su disponibilidad de "ver las cosas desde el otro lado" y admi-tir sus propios lapsos en admitir la necesidad de preocuparse por el bienestar de sus esposos.

En la mayoría de los casos, admiten que se han limitado a ver las cosas desde su propio punto de vista, y se han escondido tras las quejas y los lamentos que definen, en gran medida, quiénes son ellas dentro de la sociedad conyugal. Una esposa escribió la siguiente carta (que yo he resumido) a su esposo, para el día de San Valentín, después de leer *Cómo Cuidar y Tener Contento al Esposo,* y hacerlo le sirvió para darse cuenta de que su matrimonio implicaba dos personas, no sólo una con un anexo: el esposo.

"A mi amante y maravilloso esposo, Alex:
Estas últimas semanas me he dado cuenta de cuánto me amas en tus propias y especiales formas. Gracias por ayudarme con los

niños—bañándolos, alimentándolos, jugando con ellos, enseñándoles a distinguir el bien del mal, a pesar de trabajar tan duro en las horas de la noche, a pesar de tener que dormir menos fin de poder estar con ellos. Gracias por ser un papá tan responsable.

"Me has colmado de amor cada día, especialmente desde el día que nació nuestro hijo. Yo no he sabido apreciar todo lo que has hecho y haces por mí. Ahora sé que cuando te llevas a los niños para que yo pueda dormir durante el día me estás diciendo, '¡Te quiero mucho, mi amor!' Estas palabras no son tan expresivas como las cosas que tu haces por mí en nombre del amor.

"Son muchos los ejemplos de las cosas que haces por mí y que me indican cuánto me quieres—cuando estoy contigo, cada día es el día de San Valentín. Gracias por ser tan buen proveedor, por trabajar tanto y sacrificarte como lo haces para mantener nuestras finanzas en ++++. Has sabido soportar mis comportamientos destructivos del pasado y no creo que todas las tortas de chocolate que pueda prepararte de aquí en adelante, durante toda mi vida, basten para compensarte por eso."

Reconocer cuánto se ha herido al esposo por acción u omisión es un excelente primer paso y una actitud que tiene un increíble efecto liberador. A muchas personas les cuesta decir "lo siento," y es una lástima. Porque en ese momento en el que se humillan es cuando se enciende la compasión y el amor del otro. Cuando uno "admite y reconoce" los errores, las malas acciones, los comportamientos egoístas o incluso el "ignorar" ciertas cosas, el esposo no adopta una actitud triunfal y dominante; experimenta la ternura de su esposa hacia él. Esa admisión es realmente una ofrenda de amor. Francamente, mis queridas amigas, él se derretirá.

Ahora es su turno:

Quisiera que, con base en la lectura de *Cómo Cuidar y Tener Contento al Esposo* y en lo que ha trabajado hasta el momento, haga una lista de las formas en las que, según se da cuenta ahora, y según lo acepta, ha estado pensando y comportándose unilateralmente en su matrimonio (sus problemas, su dolor, sus desilusiones, sus heridas, sus sentimientos, su familia, sus deseos . . .) sin darle igual importancia a los de él.

Ahora me gustaría que escribiera una carta a su esposo disculpándose y reconociendo las veces que lo ha decepcionado, sin tener en cuenta sus puntos de vista, sentimientos, necesidades etc. Cuando crea que esté lista, entréguesela, atada con una cinta.

Es posible que piense, "Bueno, no sé, no creo que él se haya disgustado. No ha dicho nada." Oh, sí, sí lo ha dicho. Pero si su receptor de radio está apagado, toda la música clásica más hermosa del mundo que se esté trasmitiendo a través de las ondas de radio que vienen por el aire nunca será captada y ¡será como si nunca se hubiera producido!

Una mujer escribió:

"Creo que su libro es simplemente lógico. No se trata de que usted haya inventado una nueva forma de ser mujer. Sólo nos ha recordado que ser una mujer que quiere y necesita a su esposo es algo bueno y honorable.

"Hemos tenido nuestros altibajos, como toda pareja, pero al escucharla, he podido descargarme de todas esas cosas que dije e hice a través de los años; cosas que sé que hirieron a mi esposo. Nunca me dijo que estuviera herido, porque no es ese tipo de persona, pero en retrospectiva, sé que me lo demostró en un sinnúmero de formas que yo decidí ignorar. Recuerdo cuando me dijo que quería ayudarme y hacer cosas para mí. Hace años realmente me dijo, 'Sólo pretende que me necesitas un poquito. Sé que lo puedes hacer todo sola, pero me gustaría sentirme necesario."

La dolorosa ironía es que a ella le diagnosticaron esclerosis múltiple en junio de 2001. Me escribió diciendo que un día en el que ella se sentía especialmente asustada y muy enferma, se encontraban sentados en el jardín. Él la miró y simplemente le dijo, "No me iré a ninguna parte. Aquí estaré."

"Espero con ilusión el día de mañana y lo considero como el trampolín desde donde alcanzaré mi futuro como la esposa de mi esposo. Es honorable, fuerte, divertido y cariñoso, es el mejor amigo y esposo que pudiera desear. Gracias por ayudarme a recordarlo."

Me entristece tanto ver que hayan tantas mujeres que malinterpreten el "amor" y la "dependencia" considerándolos como "control." No permitir que un hombre tenga el dominio y el control ha sido un mantra paranoico del movimiento femenino heterofóbico durante décadas. Mujeres completamente razonables imaginan que inclusive permitir que él tenga una opinión acerca de lo que su esposa está haciendo es prueba de su malevolencia. Es algo demasiado triste para expresarlo en palabras.

Otra mujer escribió que su respuesta al libro de *Cómo Cuidar y Tener Contento al Esposo* fue

". . . hacerlo sentir parte de esta familia, en la que, ahora me doy cuenta, realmente no lo incluía. Es triste pensar lo que debe haber sentido, y la forma como lo traté. Realmente nunca lo pensé mientras lo hacía. Sólo me comportaba así y seguía en mi atareada vida sin permitirme ningún sentimiento hacia él. La vida era para los niños, el trabajo y las responsabilidades.

"Ahora, responde mucho más a mí. Llega del trabajo más temprano. Llama para saludarme. Está más interesado en contarme sobre su día y de saber del mío. Parece que nos estamos conectando a otro nivel. He pasado demasiados años haciéndolo sentir muy mal, pero sé que, finalmente, todo va a salir bien. Nunca hubiera imaginado que un libro con este tipo de información podría cambiarnos hasta tal punto. En muchas oportunidades hemos estado en terapia y nunca se nos había sugerido algo tan fácil."

Ahora es su turno:

Me gustaría que analizara qué hace para que su esposo sienta que realmente lo necesita. Describa lo que hace y cómo se asegura de que él lo sepa.

_____

_____

_____

_____

_____

_____

_____

_____

_____

_____

_____

_____

_____

Ahora analice la forma como rechaza a su esposo cuando él intenta ser "útil."
¿Cuáles son los sentimientos que la llevan a reaccionar así? (por ejemplo: se
siente criticada, insegura, etc.)

_____

_____

_____

_____

_____

_____

_____

_____

_____

¿Qué puede hacer para demostrarle a su esposo que su colaboración y su presencia son valiosas y deseables?

_____

_____

_____

_____

_____

_____

_____

_____

_____

Claro está que hay experiencias tempranas de la vida que
hacen que parezca demasiado difícil ver más allá de los propios
miedos y dolores. Una mujer me escribió que tuvo que leer tres
veces _Cómo Cuidar y Tener Contento al Esposo_ ¡antes de estar dispuesta, y ser capaz de reconocer las virtudes positivas de su esposo! La primera imagen que vino a su memoria fue la forma
cómo él reaccionaba cuando se encontraban, en la época en que

ella pesaba 300 libras, y le decía que le ayudaría a perder peso, pasara lo que pasara. Sin embargo, adelgazar no le ayudó a mejorar su punto de vista porque, la razón por la que había engordado era que no pensaba que los hombres pudieran encontrarla atractiva y como una manifestación de aversión al sexo en respuesta a experiencias incestuosas con su padre durante su niñez.

> *"Por último, pude llegar a entender y tuve que recordar que se trataba de mi esposo, NO mi padre que abusó de mí. Que está BIEN hacer el amor—que es el deber de una esposa complacer a su esposo. Para mi sorpresa, mi esposo llegó a casa anoche y me pidió que hiciéramos el amor más de dos veces al año. Por primera vez lo escuché y no le di ninguna excusa. Y, por primera vez, me sentí totalmente desinhibida, relajada y tranquila en nuestra relación de pareja. Para mi sorpresa, disfruté el sexo por primera vez en mi vida. No veo la hora de comprar una insinuante camisa de dormir para sorprender a mi esposo, y me he hecho la promesa de mantenerme centrada en el presente y hacer el amor con más frecuencia con mi pareja."*

Ahora es su turno:

¿Qué experiencias de su niñez o de su adolescencia parecen ser la "excusa" para no centrarse en el presente con su esposo?

_____

_____

_____

_____

_____

_____

_____

_____

_____

_____

¿De qué forma(s) cree que su "punto de vista" tenga que ver con el hecho de que se desquite con su esposo como consecuencia de sentimientos de ira/dolor o temores del pasado?

_____

_____

_____

_____

_____

_____

_____

_____

_____

Lamento tener que decir que he hablado con demasiadas niñas consentidas en mi programa de radio. Espero haber podido ayudar a cada una a mirar más lejos para que puedan ver algo más que la realización de sus deseos egoístas.

Una de esas mujeres llamó junto con su esposo. Tiene 38 años, él tiene 34. Han estado casados cinco años y no tienen hijos. Para ella es el segundo matrimonio y para él el primero. El problema radica en que ella tiene unas amigas que, por segunda vez, ganaron una especie de concurso y obtuvieron tiquetes baratos para ir a disfrutar en la ciudad de Nueva York, y la invitaron a ir con ellas. Suena lógico ¿no es cierto? Inclusive él admitió sentirse egoísta por no permitirle ir con ellas esta segunda vez, porque está "celoso." El hecho es que todavía no han podido reunir dinero para tomarse unas vacaciones juntos, y a él le gustaría ir a Nueva York con ella.

KARA: Quiero ir. No voy a decir que no, pero no entiendo por qué él no se alegra de que yo pueda hacer algo así. Por mi parte, yo sí me alegraría si quisiera salir de viaje con alguien y lo apoyaría. Creo que está celoso de que yo tenga la oportunidad de ir, porque él nunca ha ido y ésta sería mi segunda vez. Por lo tanto, creo que está celoso porque tengo amigas que me ofrecen estas cosas y él no.

RONALD: Son unos celos que no tienen nada que ver con el problema de la fidelidad. Es algo como lo que ocurre con los niños y Disneylandia. Ella puede ir y yo no.

DRA. LAURA: ¿Ustedes han viajado juntos alguna vez?

KARA: Bueno, no hemos tenido unas vacaciones de verdad desde que nos casamos, sólo por razones financieras . . .

En este punto le pedí a Ronald que colgara el teléfono. Cuando mi intención es "darle a alguien en la cabeza" no me gusta que el cónyuge lo escuche . . . es mi noción de evitarle a alguien un momento embarazoso.

DRA. LAURA: Escuché con mucha atención. Parece que no tienes en cuenta sus sentimientos acerca de unas vacaciones especiales contigo en Nueva York. No han ahorrado entre los dos para hacer algo juntos. Parece que no valoras sus sentimientos a este respecto. Por lo general, los hombres no saben expresar sus sentimientos con la facilidad con que lo hacemos nosotras; nos corresponde, por lo tanto, adivinar lo que quieren decir, con base en lo que realmente dicen.

No creo que sería bueno para tu matrimonio que hicieras esto, y no creo que tenga nada que ver con que él se sienta mal porque tu tengas amigas que puedan gastar dinero. Piénsalo un poco mejor, Kara. Creo que esto hace que se sienta fuera de lugar, que piense que no puede darse el lujo de hacer esto por ti. Creo el hecho de que siempre viajes con tus amigas y no con él, lo hace sentir mal. Creo que también se siente mal de ver que a ti no te importa lo que él desea para los dos. Te estas comportando como una adolescente cuyos padres se oponen a que se divierta—no como una esposa que debería estar pensando en términos de "nosotros" y no sólo en términos de "yo."

Por lo tanto, con toda franqueza, si te importa tu matrimonio, esperarás uno o dos días y luego le dirás algo como, "Sabes, querido, yo ya fui a Nueva York sin ti, fue bueno haber podido ir, pero, tú sabes, nunca hemos hecho un viaje juntos en los cinco años que hemos estado casados, entonces, sentémonos y hagamos planes, pensemos que podemos hacer y programemos una fecha para ir a Nueva York. Ahorremos y vayamos juntos. Te quiero."

Pienso que eso sería lo que diría cualquier mujer que quiera a su esposo, que sea inteligente y que desee permanecer casada.

Amigas, no tengo la menor idea de si esta mujer siguió mi consejo o no. Pero millones de otras mujeres escucharon esa conversación y espero que lo hayan pensado dos veces y luego tres cuando hayan pensado en hacer algo simplemente porque lo podían hacer . . . como si sencillamente tuvieran el derecho de hacerlo; después de todo ¡son mujeres independientes!

Ahora es su turno:
Piense en alguna(s) oportunidad(es) en que usted haya actuado como Kara—en el convencimiento de que debería poder hacer lo que quisiera porque su esposo no debe tener el menor control ni la menor opinión en cuanto a lo que usted haga. Piense entonces lo que su esposo pudo haber sentido en su corazón.

_____

_____

_____

_____

_____

Me sentí muy satisfecha con la siguiente carta de una mujer con ocho años de matrimonio y tres hijos, que se describió como alguien que nunca había sabido como tratar debidamente a su esposo porque venía de un hogar sin padre. No había tenido ningún ejemplo de la forma como debía comportarse como esposa, a excepción de lo que leía en las revistas o veía en la televisión, o lo que le contaban sus amigas, quienes tenían una actitud negativa y matrimonios disfuncionales (estas dos cosas suelen darse hombro con hombro).

Su carta comenzaba con la siguiente admisión:

"Trataba a mi esposo como si no tuviera sentimientos—sólo porque no los expresaba como lo hago yo. Nunca me preocupaba si había tenido un mal día, porque el MÍO había sido peor. Nunca le decía que era parte importante de nuestra familia. Nunca le decía que lo apreciaba y que le agradecía que trabajara día tras día sin quejarse para mantener nuestra familia y permitirme estar en casa y atender a los niños. Para mí los niños siempre eran más importantes que él. Sólo le hablaba para quejarme y decirle que me sentía como una esclava: cocinando, limpiando, lavando la ropa, etc. Él era mi paño de lágrimas para desahogar todos mis sentimientos.

"Pensaba que lo que mi esposo quería era siempre 'un poco de eso.' ¿Por qué no ME entendía que estaba demasiado cansada o que no estaba de humor? De nuevo—todo tenía que ver con MIS sentimientos, no los suyos porque, realmente, no los tenía.

"En conclusión, pensaba que mi esposo no ME estaba dando lo que quería en nuestro matrimonio, pero era porque yo no le estaba dando nada a él. Ahora estoy recibiendo todo lo que siempre quise porque le he dado a mi esposo el respeto, la aceptación y el agradecimiento que merece. Fue muy sencillo."

Ahora es su turno:

Piense en esos momentos en los que estaba tan sumida en su "autocompasión" que consideró los sentimientos y las necesidades de su esposo como una imposición.

_____

_____

_____

_____

_____

_____

_____

_____

Piense en las circunstancias en las que dejó a un lado su autocompasión y se preocupó por los sentimientos, las necesidades y los deseos de su esposo. ¿Se siente mejor o peor por ello?

_____

_____

_____

_____

_____

_____

_____

_____

¡TAMBIÉN LOS HOMBRES TIENEN PROBLEMAS!

Una mujer me escribió para contarme que se había acabado la diversión en su matrimonio y se habían convertido en la típica pareja gruñona. Al principio, no había querido leer *Cómo Cui-*

dar y Tener Contento al Esposo, porque no se sentía cómoda de encontrar allí tal vez algo que tuviera que aprender. Luego, después de escuchar algunas de las cartas de mis "clientes satisfechos" que leían el programa, compró el libro y lo leyó a escondidas, porque no quería que él se esperanzara.

Describe a su esposo como un piloto con vocación. Pero, hace dos años, se retiró voluntariamente de la aviación porque aparentemente estaba a punto de ser despedido y había una vacante para personal de aviación en tierra. Si no hacía el cambio ahora, su próximo cargo como piloto podría estar al otro lado del país. Ambos decidieron que era más importante para su hijo tener un hogar estable, con los abuelos viviendo cerca, que el que el esposo estuviera físicamente en la cabina del avión.

> *"Hace poco, mi esposo tuvo un día de trabajo difícil. Como resultado, echaba de menos la emoción de estar en la cabina y miraba con angustia los próximos veinte o más años de 'pilotear un escritorio.' Me dijo, 'Tienes todo lo que has querido—estar en casa con los niños, un lindo hogar. Yo tuve que renunciar a lo único por lo que me esforcé la vida entera."*

> *"Antes de leer su libro, mi respuesta podría haber sido algo como, 'Antes de casarnos, aceptaste que me sostendrías, y que yo estaría en casa con los niños. Ningún trabajo es perfecto. Vas a tener que acostumbrarte a éste, porque no pienso volverme a mudar. Nuestro hijo merece crecer en un hogar estable."*

> *"Sin embargo, en esta oportunidad tuve en cuenta su punto de vista. Tiene razón. Yo tengo todo lo que siempre quise: una linda casa, un excelente hijo, un esposo que responsablemente sale a trabajar todos los días, y puedo organizar cada día mi propio horario. Él tiene que ir a una oficina y hacer lo que el jefe le indique, y estar allí todos los días ya sea que le agrade o no.*

> *"El 'muchacho' con quien me casé se había convertido en un 'hombre.' Ahora tenía que ser la mujer que él merece. Esa noche hablamos durante mucho tiempo acerca del trabajo en general y analizamos las formas de manejar la situación específica a la que se había enfrentado ese día. Al día siguiente lo llamé a la oficina y me di cuenta de que estaba mucho más tranquilo. Las cosas ha-*

bían mejorado considerablemente, y se sentía satisfecho de que yo me hubiera preocupado por él.

"Usted dice, Dra. Laura, que las mujeres tenemos el poder de cambiar a nuestros esposos, pero yo no veo mucho cambio en el mío. Tal vez se deba a que realmente no era él sino yo quien debía cambiar. Ahora puedo preocuparme menos; puedo hablar con mi esposo de igual a igual y no como una consejera o una mamá. Esto ha hecho que me sienta más feliz. Ahora lo encuentro más atractivo que nunca, porque la admiración ha vuelto a ser parte de mi actitud. En la medida en que crece mi admiración por él, más se respeta el mismo."

Ahora es su turno:

Piense a qué está renunciando su esposo por sostenerla a usted y a su familia—algo que le agrade y que realmente eche de menos. ¿Puede pensar en alguna forma de volver a incorporar ese aspecto en sus vidas? De no ser así ¿puede pensar en la forma de hacerlo sentir mejor al respecto?

_____

_____

_____

_____

_____

_____

_____

_____

_____

_____

_____

Me gustó en especial una carta muy corta que recibí de una esposa y madre que se dio cuenta de que estaba tratando a su esposo como si fuera una máquina. Esperaba que en el mismo momento en que llegara del trabajo se pusiera a trabajar en la casa. Se quejaba, lo insultaba, le exigía, lo criticaba y, en términos generales, hería sus sentimientos.

"Después de leer tres capítulos de Cómo Cuidar y Tener Contento al Esposo, *entendí algo que me hizo sentir ¡como si me hubiera caído encima una tonelada de ladrillos! Sólo gracias a sus esfuerzos puedo ser la enfermera, maestra, amiga y, sobre todo, la mamá de nuestros cuatro hijos. Sólo gracias a sus sacrificios no he tenido que trabajar fuera de mi hogar durante doce años.*

"Esa noche, cuando volvió a casa después de diez horas de un trabajo físico exigente, lo recibí en la puerta y me aseguré de que los niños también lo hicieran. Mientras preparaba la comida, él miraba la televisión. Nuestro hijo de once años me dijo, 'Mamá, ¿papá va a mirar televisión toda la noche?' (me pregunto de dónde sacaría esa idea) le respondí '¿Por qué no? Papá trabajó muy duro todo el día y esa es su forma de descansar. Así como a ti te gusta montar en bicicleta cuando llegas del colegio.'

"La expresión de mi esposo fue maravillosa. ¿Era cierto que yo estaba defendiendo su derecho a 'no hacer nada' por un rato?

"A la noche siguiente, llegó del trabajo a casa y ¡terminó un proyecto que hacía más de dos años le había estado pidiendo que terminara! ¡No dije ni una palabra! Inclusive bañó a los niños y me dio un masaje en los hombros mientras yo lavaba los platos. Gracias, Dra. Laura, por aconsejarme—bueno, por insistir—que le dé a mi esposo la atención, el afecto y el aprecio que tanto merece."

Cuando reconoce, e incluso defiende, los derechos de su esposo como persona y a tener momentos de cambios de temperamento, él se sentirá más cómodo consigo mismo ¡y más consentido por usted!

El esposo de una de mis oyentes estaba pasando por una depresión por la pérdida de la compañía que había establecido y manejado por más de veinte años. En los últimos cinco o seis años, había sufrido muchos golpes, financieros y personales. Estos reveces de fortuna cambiaron por completo sus vidas e hicieron que perdieran el control; se separaron física y emocionalmente.

"Vivíamos prácticamente como compañeros de habitación, aislados en nuestros propios conflictos personales. La pérdida del negocio fue la razón principal de su depresión, pero, después de leer su libro, me di cuenta de que no le había dado el apoyo ni el afecto que necesitaba, ni me había comportado con él como solía hacerlo antes de que tuviéramos problemas. Estoy muy avergonzada de mi comportamiento de estos últimos años."

Después de leer *Cómo Cuidar y Tener Contento al Esposo*, empezó a utilizar su PODER DE MUJER. Le pidió excusas por no haberlo tratado con el cariño y el afecto con que solía hacerlo antes y por no haberle dado su apoyo ni levantarle el ánimo cuando más lo necesitaba. Empezó a sonreír, a abrazarlo y a besarlo.

"Sé que sufre mucho, no sólo por nuestra relación; sin embargo, este hombre maravilloso con el que me casé ha empezado a recuperarse, y veo cómo vuelve a vivir. Ahora ríe y bromea con más frecuencia, me sonríe e inclusive me busca para que le dé un abrazo. Increíble, Dra. Laura, no tengo cómo agradecerle lo suficiente. ¡Me divierto de sólo pensar las cosas que puedo hacer por él!

"No olvide contar a todas las esposas que la escuchan que nuestros hombres pueden estar enfrentado batallas en el mundo de los negocios y que ellos, como las personas protectoras que son, no siempre comparten sus historias de guerra. Es posible que estén enfrentándose a mucho más de lo que jamás lleguemos a saber. Aún necesitan encontrar amor, afecto y calor de hogar cuando llegan del trabajo en busca de un refugio.

"Dra. Laura, doy gracias a Dios y a usted por ayudarme a salvar mi matrimonio."

Ahora es su turno:

Piense en las situaciones que pueden causarle dolor y estrés a su esposo. Aunque no pueda necesariamente resolverle los problemas, piense qué cuidados especiales le puede dar, cómo puede usar su PODER DE MUJER para hacerlo sentir seguro, ayudarle a recobrar la esperanza y hacer que se sienta de nuevo como un vencedor.

_____

_____

_____

_____

_____

_____

_____

_____

_____

_____

Otra esposa se dio cuenta de que cuando su esposo hablaba acerca de lo pesado que había sido su día en el trabajo, ella lo oía a medias, y lo interrumpía para pedirle que sacara la basura o sirviera los vasos de leche para la cena. Siempre pensó que el estrés de su trabajo no tenía nada que ver con su vida real. También tuvo que admitir que le hablaba en tono de "mamá condescendiente."

Después de leer *Cómo Cuidar y Tener Contento al Esposo*, lo recibió en la puerta, vestida como una esposa, no como una mamá y lo saludó con un abrazo y un beso. Dio la casualidad de que él había tenido uno de sus días difíciles. Se sorprendió cuando ella les dijo a los niños, que habían interrumpido su conversación, "Papá y yo estamos hablando y, cuando terminemos, yo los ayudaré." Quedó desconcertado. Ella lo escuchó con atención mientras le describía todo su día y se sintió muy satisfecha. Cuando terminaron de hablar, le dijo que descansara un rato mientras ella preparaba la cena.

"Hice todo eso porque quise hacerlo. Qué revelación. Por primera vez en mucho tiempo, mi esposo sintió que lo valoraba y yo sentí que él me valoraba. Lo más sorprendente es que no he

hecho estos cambios por la recompensa que pueda obtener, sino porque quiero profunda y totalmente a este hombre, y ahora lo veo con más claridad, en forma más profunda y más completa. Realmente es así."

Ahora es su turno:
Enumere las formas en las que imagina que su esposo la ve como una persona valiosa para él.

_____

_____

_____

_____

_____

_____

_____

_____

_____

_____

Haga una lista de las formas en las que usted ve a su esposo como una persona valiosa para usted.

_____

_____

_____

_____

_____

_____

_____

_____

_____

_____

Ahora, analice cómo y cuándo sucede algo malo en la familia o fuera de ella, o en las relaciones, algo que los impacte a los dos, usted se va a su rincón. La próxima vez que eso ocurra, procure salir de allí y anote la diferencia que observa en usted y en su esposo.

¿Qué puedo decir?
¡Es un hombre!

"Hay algo que su nuevo libro me ha dejado en claro—¡NO TENÍA LA MENOR IDEA DE QUE LOS HOMBRES FUERAN TAN VULNERABLES!—eso me conmueve. ¡¡Tampoco sabía que teníamos tanto poder sobre ellos como sus esposas!! ¡Increíble! Qué concepto. Sabía que los hombres nos necesitan para que los cuidemos, pero siempre lo vi desde un punto de vista más práctico; como plancharles las camisas y tenerles lista la cena. Pero no tenía idea de que mi comportamiento como esposa fuera tan vital para el bienestar emocional de mi esposo. Y ¡creo que es muy tierno que quieran ser nuestros héroes!

"EL HECHO ES, Dra. Laura, que creo que pensaba que la profesión del hombre y su función como proveedor de la familia bastaban para que se sintiera importante. No sabía que fueran tan esenciales la aceptación y aprobación de la esposa para que se sintiera VALORADO. Saber que mi amor de mujer tiene tanto poder me hace sentir muy bien. Me agrada ser una mujer que acaba de descubrir una nueva razón para respetar la masculinidad. ¡Oigan esto, feministas! Es una lástima que esas mujeres no

puedan ver la masculinidad y la feminidad como las entidades
maravillosas y sagradas que son."

Aceptar al esposo por quien es y por lo que es, es un don de puro amor. Que triste es ver que una mujer se case con un hombre que considera "un trabajo en proceso." Una de mis oyentes describió a una persona que conoce que tiene un marido similar al de mi oyente. Esa conocida suya se está divorciando de su esposo porque no lo puede aceptar como es. Es un buen hombre, un esposo fiel, un buen proveedor para su familia, bastante atractivo, con muchas cualidades positivas . . . pero tampoco es perfecto. Parece que ella solamente se fija en sus defectos.

> *"Está muy herido y triste porque ella nunca lo aceptó tal como era, siempre pretendió cambiarlo para que satisficiera sus necesidades. Cada vez que ella se queja de lo que él hace, yo me doy cuenta de que mi esposo ha hecho cosas similares—pero siempre he aceptado que él es así y nunca me he sentido ofendida.*
>
> *"Se que muchas veces, durante el tiempo que hemos estado casados, he podido sentir rencor, o me he podido disgustar con él, que he rechazado sus insinuaciones, que lo he demeritado, que lo he criticado—pero de eso no se trata el amor."*

Una de mis oyentes, soltera, pero comprometida para casarse, comprendió lo siguiente mientras leía *Cómo Cuidar y Tener Contento al Esposo.* Quedó aterrada al leer las historias de tantos esposos insatisfechos, se sorprendió de lo sencillas y fáciles de poner en práctica que eran las soluciones y las ideas allí presentadas. Todo esto la ayudó a entender algo realmente importante durante el proceso de planificación de su boda, lo más importante de su vida en ese momento ¡donde todo debía ser prefecto! Se dio cuenta de que para él era sólo una gran fiesta para la que se tenía que poner un traje, *". . . y, ah sí, lo están enlazando."* Dejó de quejarse de él y criticarlo por no estar absolutamente absorto en el dilema de decidir entre rosas u orquídeas, o adornos dorados o plateados.

"Como usted dice en su libro y como lo ha repetido muchas veces en su programa, '¡Es un HOMBRE!'—y si quisiera un hombre que se interesara en las flores, ¡debería casarme con un florista!

"Pienso ser para él la mejor esposa y la mejor compañera del mundo para toda la vida. También pienso conservar este libro por siempre en mi biblioteca y consultarlo cuando vengan tiempos difíciles. Porque aunque mi mamá me educó para creer en el mantra, 'Soy una mujer, ¡óiganme rugir!' después de poner en práctica sólo algunas de las normas de cortesía más comunes ('por favor', 'gracias', 'te quiero') que las mujeres se olvidan de usar con sus seres queridos, mi nuevo mantra es 'SOY MUJER, ¡óiganme ronronear!' "

Ahora es su turno:
Haga una lista de las cualidades de su esposo que no la satisfacen.

_____

_____

_____

_____

_____

_____

_____

_____

_____

_____

Haga de nuevo la lista de las cualidades de su esposo que no la satisfacen, y que usted conocía antes de casarse con él.

_____

_____

_____

_____

_____

_____

_____

_____

_____

Ahora explique por qué le disgusta que el hombre que eligió sea el hombre que eligió.

_____

_____

_____

_____

_____

_____

_____

_____

Haga una lista de todas las cualidades de su esposo que le molestan o que simplemente no corresponden al típico comportamiento "masculino."

_____

_____

_____

_____

_____

_____

_____

_____

Ahora haga una lista de todas las cualidades con las que su esposo tiene que enfrentarse que son simplemente típicos comportamientos "de mujer."

_____

_____

_____

—————————————————————————————
—————————————————————————————
—————————————————————————————
—————————————————————————————
—————————————————————————————
—————————————————————————————

Ahora analice lo que ha aprendido al responder a estas últimas cinco preguntas.

—————————————————————————————
—————————————————————————————
—————————————————————————————
—————————————————————————————
—————————————————————————————
—————————————————————————————
—————————————————————————————
—————————————————————————————
—————————————————————————————

Una de mis lectoras me escribió diciendo que *Cómo Cuidar y
Tener Contento al Esposo* le enseñó dos cosas importantes. En su
carta explicaba que ella y su esposo tenían temperamentos totalmente opuestos: ella es del Tipo A, él es del Tipo B, retraído. Sin
embargo, no había tenido en cuenta cómo lo afectaba el hecho
de que ella fuera Tipo B.

> *"Él necesita tiempo para descansar. Un día de un hombre Tipo B
> implica, en gran medida, mirar televisión y rascarse. Durante
> estas últimas vacaciones, lo hice trabajar, de una u otra forma,
> todos los días: en los autos, en la casa. No pensé que importara.
> Siempre que tengo tiempo libre busco proyectos que realizar.
> Nunca me detuve a pensar lo infeliz que lo hacía sentir.*

"Mi primer cambio fue ser más considerada en cuanto a su necesidad de tener tiempo libre para no hacer nada. De hecho, un día le dejé una tarjeta sobre el armario, diciéndole que le agradecía todo el trabajo que había hecho durante las vacaciones y que ahora necesitaba tiempo para recuperarse. Sobre su mesa de noche le dejé un termo con café recién molido y recién hecho y una taza. Junto a la silla le dejé una gran bolsa de regalos que incluían una película en DVD que me había dicho que quería ver, bolsas de golosinas, revistas, almendras, barras de chocolate . . . una bolsa enorme llena de esos placeres que nos hacen sentir culpables. ¡Le indiqué que se quedara en cama todo el día y que no hiciera nada!

"Quedó encantado. Creo que debe haberme llamado al trabajo unas diez veces durante el día para agradecérmelo. No tengo palabras para explicar lo bien que me sentí de saber que haber hecho algo tan pequeño por él lo había hecho tan feliz".

También compró ropa interior incitante para agradarlo. Sin embargo, él le dijo que el atuendo con que prefería verla era sólo su argolla de matrimonio. ¡Maravilloso!

Ahora es su turno:

Diseñe algún plan para demostrar, en forma positiva, su agradecimiento por las cualidades excepcionales de la personalidad de su esposo—sobre todo en el área en la que usted más lo ha importunado.

_____

_____

_____

_____

_____

_____

_____

_____

El principal cambio que hizo otra de mis oyentes despuéas de leer *Cómo Cuidar y Tener Contento al Esposo* fue dejar de criticar. Se dio cuenta de que siempre corregía a su esposo porque hacía las cosas a su modo, o porque sus pensamientos o ideas no eran siempre claras para ella—por eso lo contradecía sin vacilar y lo hacía en voz alta. Ahora procura quedarse callada cada vez que él "actúa como quiere," e informa que él se ha convertido en una persona mucho más abierta y dispuesto a compartir con ella sus más íntimos sentimientos.

¿Se ha preguntado alguna vez por qué su esposo no le habla de sus sentimientos? ¡PROBABLEMENTE PORQUE LE PARECE DEMASIADO PELIGROSO Y DOLOROSO! Recuerdo mis años de práctica privada como terapeuta de problemas conyugales y de familia; las mujeres se quejaban de que sus esposos no hablaban de sus sentimientos, cuando lo cierto era que sólo querían que ellos las oyeran hablar de los de ellas—sin presentar la menor crítica sino, por el contrario, brindándoles todo su apoyo y su aprobación en todo lo que expresaran al respecto. Si los hombres se atrevían a querer hablar de sus sentimientos o de expresar su oposición a los de ellas, estaban colgados. Muy motivador.

Ahora es su turno:

Piense en algunas formas de hacer que su esposo se sienta más seguro de analizar los problemas relacionados con usted y expresar sus sentimientos—incluso si no es agradable para usted oír lo que él tenga que decir.

_____

_____

_____

_____

_____

_____

_____

Es lamentable oír a las mujeres quejarse de que sus esposos no les demuestran su amor. Sin embargo, cuando hago algún trabajo detectivesco, me doy cuenta de que los hombres hacen todo tipo de cosas maravillosas por sus esposas. Sólo que aparentemente, sus esposas "no interpretan 'esas cosas' como 'expresiones de amor.' Los hombres no son muy dados a hablar, prefieren "hacer." "Hacer" es el lenguaje básico de los hombres. Siempre será una mujer insatisfecha si el amor que su esposo le expresa llega a oídos sordos, si no acepta que la forma como los hombres expresan su amor es distinta de la de las mujeres. Como lo comenta una esposa que dice que ahora se da cuenta de que *"Él me demuestra todos los días cuánto significo para él, y ahora, gracias a su libro, yo hago lo mismo."* Así es, mis queridas amigas, si ustedes, como mujeres, reconocen estos actos de amor, verán cómo se multiplican.

Ahora es su turno:

Haga una lista de esas cosas pequeñas, medianas y grandes que hace su esposo día tras día, probablemente para demostrarle su amor—aunque usted nunca las haya visto así.

"Yo hablo—tu escuchas . . . ¡ahora nos estamos comunicando!"

¿Es realmente sincera cuando dice, "Amor, quisiera que me hablaras"?

Hace poco Denise llamó a mi programa; estaba furiosa y herida y quería contarme que su esposo le había dicho que no había sido una muy buena esposa en los últimos ocho años. ¡Sólo han estado casados ocho años!

Denise: Bueno, lo que dijo fue que no encuentra ninguna cualidad positiva en mí como esposa.

Dra. Laura: ¿Cuáles dijo que fueran las cualidades positivas de una buena esposa?

Denise: Ser amable. Me dijo que yo no era amable con él. Gritando. Me dijo que le grito y le reclamo.

Dra. Laura: Y es cierto. ¿No es verdad?

Denise: Sí.

Dra. Laura: Bueno, entonces, dijo la verdad.

Denise: Bueno, no sé qué hacer.

Dra. Laura: Bien, sé más amable, deja de gritar y de quejarte.

Denise: Pero dice que no tengo cualidades positivas, que no me las ha visto desde que nos casamos. Eso no es realista.

Dra. Laura: Tal vez. Pero tal vez sea difícil ver tus cualidades positivas si no eres amable y si siempre estás gritando y renegando.

Denise: Está bien.

Dra. Laura: Entonces, si dejas de mostrarte poco amable, si dejas de gritar y de renegar, te garantizo que él verá otras cualidades agradables. Déjame preguntarte algo: Si te sacara fuera de ti misma y te convirtiera en un hombre que estuviera casado con Denise ¿estarías contenta?

Denise: *(suspirando)* No, tal vez no.

DRA. LAURA: Entonces, compórtate de forma que pudieras estar contenta si estuvieras en el lado opuesto.

DENISE: Está bien, gracias.

Ahora es su turno:

Intente practicar el ejercicio de Denise: si usted fuera el hombre que estuviera casado con usted—¿qué le agradaría y qué no?

_____

_____

_____

_____

_____

_____

_____

_____

_____

_____

Después de la cena, una noche, una de mis oyentes le preguntó a su esposo si estaba contento de tenerla por esposa. Su corazón latió más fuerte en espera de la respuesta. En ese momento se dio cuenta de que no estaba segura de lo que escucharía. Eso la hizo sentir que había perdido el contacto con sus sentimientos—y, como es comprensible, se sintió vulnerable.

La primera respuesta de su marido fue preguntarle la razón por la que hacía esa pregunta. Le dijo que sólo quería saberlo porque para ella era muy importante que él estuviera feliz. Probablemente él se preocupó de que ésta fuera la típica trampa femenina de "Dime algo malo y te haré sentir como si estuvieras en el infierno."

Comenzó diciéndole todas las cosas maravillosas que tenía

y lo contento que realmente estaba. Luego prosiguió . . . santo cielo . . . y le mencionó un área en la que podía mejorar un poco su comportamiento.

Ella, sin ponerse a la defensiva ni entrar en una discusión, se limitó a escuchar y estuvo de acuerdo en que ese era un aspecto en el que procuraría mejorar.

Él terminó su respuesta diciéndole cuánto la amaba.

"Cualquier esposa que piense que no hay nada en lo que pueda mejorar, habrá dado el primer paso hacia la apatía. La apatía podría ser el comienzo de una espiral descendente. Aconsejo a cualquier mujer que esté dispuesta a enfrentar un reto y algo de vulnerabilidad, que considere 'hablar' con su esposo para saber cómo la califica."

A propósito, hablando de retos, ¿y qué decir de todos esos cambios de temperamento? Todas las mujeres pre y perimenopáusicas presentan esos cambios en mayor o menor grado. Esos retos hormonales suelen tener un impacto negativo en nuestro ánimo y en nuestra capacidad de ser pacientes; tendemos a volvernos más emotivas y a reaccionar de mala manera con más facilidad. Podemos llegar a ser verdaderamente exasperantes.

"Reconozco que mis cambios de temperamento me pueden convertir en una persona detestable y me esfuerzo por recordar que no debo permitir que las cosas me afecten. ¡Qué diferencia cuando se adopta esa actitud!"

Los hombres siempre han estado en desventaja, en lo que a esto respecta: si dicen, "Oh, tienes tu menstruación," reaccionamos con hostilidad, porque no tienen en cuenta nuestros sentimientos, o están contradiciendo nuestro argumento; pero, si no muestran sensibilidad alguna ante el hecho de que tenemos la menstruación, reaccionamos con hostilidad porque ¡no tienen en cuenta nuestras hormonas!

Durante nuestros "retos hormonales" podemos:

- cuidar la dieta
- aprovechar los suplementos que ayudan aliviar los síntomas
- hacer más ejercicio para aumentar la producción de endorfinas (las sustancias químicas cerebrales que nos hacen sentir felices)
- advertir a todos que estamos en un día difícil
- cuidar lo que decimos

Ahora es su turno:

Pídale a su esposo su libreta de calificaciones: ¿qué le gusta de usted y qué quisiera que cambiara? Recuerde—no le pida que le diga la verdad si no cree que pueda manejarla de manera madura, honorable y amorosa. La verdad es que probablemente usted le cante a él sus malas notas y ¡lo califique con 2, 1, o 0 en muchos aspectos!

_____

_____

_____

_____

_____

_____

_____

_____

_____

_____

_____

Otra lectora me llamó para hablarme del típico comportamiento femenino de responder a lo que el esposo acaba de decir con nuestra propia interpretación y luego reclamarle por herir nuestros sentimientos . . . apoyándonos en nuestra propia interpretación de lo que él ha dicho.

"Con frecuencia he visto una mirada de horror, desaliento, con-fusión y dolor en la cara de mi esposo cuando le doy mi inter-pretación de algo que él ha dicho. Me rompe el alma ver esa mirada cuando, si he de ser franca conmigo, sé que no ha querido ofenderme. En una parte de su libro usted se refiere a esa nece-sidad que tienen las mujeres de analizar cada detalle de cada palabra. Es muy fácil confundir a los hombres."

Creo que este comportamiento de "traducción" que tene-mos las mujeres se debe a la hipersensibilidad y al mecanismo de defensa por el que desviamos la discusión de los temas y comen-tarios que nos resultan incómodos. Esta oyente encontró una forma de controlar su "impulso" de adoptar ese comporta-miento.

"Íbamos en el auto ayer. Puse mi mano sobre su pierna (estaba en bermudas) y me dijo, 'Querida, tus manos están heladas.'

"¡¡¡Bueno!!! Se me encendió la chispa. Antes de leer su libro, yo lo hubiera congelado con la mirada o hubiera soltado una sarta de insultos. En cambio, le dije, '¿Sabes lo que acabo de oír?' '¡No me toques!' 'No te amo,' 'No me importas.' 'Por lo que a mí respecta, puedes congelarte hasta morir, no me im-porta,' 'Eres horrible e indeseable y ¡me arrepiento de haberte conocido!'

"Bien, cuando por fin dejamos de reírnos me tomó la mano y me dijo, 'Querida, tienes las manos heladas, deja que te las ca-liente.'

"Vi la satisfacción de mi esposo ante mi admisión de mi ten-dencia femenina a 'reaccionar' y ver que estaba dispuesta a no malinterpretar deliberadamente sus intenciones. TENÍA EL PODER DE PONER TODO EN ORDEN, LO HICE, ¡Y FUE MARAVILLOSO!"

Ahora es su turno:

Quisiera que buscara en su memoria "interpretaciones" similares. Piense en los conceptos o preocupaciones negativos que dan origen a esta tendencia. Procure seguir el ejemplo aquí descrito para hacer que las cosas sean distintas la próxima vez y anote su experiencia.

_____

_____

_____

_____

_____

_____

_____

_____

_____

_____

Una mujer me envió un poema que le escribió a su esposo a la mañana siguiente de haber leído *Cómo Cuidar y Tener Contento al Esposo.*

> *"Dediqué a mi esposo este poema por nuestro aniversario, fecha que arruiné la semana pasada por mis sentimientos reprimidos de resentimiento, amargura y apatía en general que había venido ocultando por tanto tiempo. Usted, Dra. Laura, ha 'sido capaz de transformar las enseñanzas básicas de la Biblia, que a veces me resultan tan difíciles de entender y ponerlas en práctica en mi vida. Soy una mujer de cuarenta y ocho años y, con frecuencia, tengo la sensación de que puede ser ya demasiado tarde para lograr cambiar y lograr todas esas cosas de las que me estoy perdiendo por mis errores en el matrimonio como por mis errores como madre.*
>
> *"Pero usted tiene unos conceptos simplemente lógicos que me han convencido de que nunca es demasiado tarde para convertirme en la persona que estoy destinada a ser en esta tierra. Se me ha dado la energía y el deseo de cumplir los propósitos que Dios me ha dado y estos consisten en convertirme en mejor esposa y madre, para empezar."*

Incluyó aquí este poema como ejemplo de una comunicación profunda, seria y significativa entre un esposo herido y su esposa, quienes han llegado a estar peligrosamente cerca de perderse el uno al otro.

Cuando contemplo los últimos diecinueve años
quedo anegada en llanto.
No son lágrimas de arrepentimiento, ira, ni sentimientos
     negativos
sino de otras cosas que me entristecen.

¿Recuerdas cómo solíamos reír y jugar?
Lo que entonces era importante ya no parece serlo más.
Lo que una vez fuimos sólo tú y yo
está ahora sofocado por "otras" cosas que tenemos que ser.

Parece que se han ido el respeto, el amor y el romance,
esas cosas que nos dábamos uno al otro cada vez que teníamos
     la ocasión.
Todo ha sido reemplazado por ira, amargura y necesidades
     egoístas,
también por falta de respeto, intolerancia y otros tipos de cizaña.

Nos preguntamos ahora ¿cómo puede ser?,
cuando apenas ayer parecíamos tan libres.
Aparentemente, la principal libertad que buscamos es
liberarnos del estrés, las ocupaciones y las perturbaciones.

Lo que es importante para mí no lo es siempre para ti.
Te he fallado al no tener en cuenta tu punto de vista.
No eres una persona difícil de entender
sólo tengo que darte una mano.

¿Cómo pude haber omitido algo tan simple pero urgente?
¿Por qué no supe ver en ti una bendición de Dios?
Por el contrario: me lamenté, te contrarié, me quejé,
hice todo lo que no he debido hacer.

Cuántas veces te he pedido perdón
mientras continúo repitiendo los mismos errores.
Todas esas actitudes insensibles y egoístas de mi parte
sin el más mínimo esfuerzo por lograr en mí un cambio total.

Te he hecho las cosas muy difíciles y tensas como para que me
  quieras,
por eso debo recurrir ahora a mi Padre del cielo.
Sólo Él puede guiarme por el camino recto
para convertirme en la esposa que mereces y alejar la ira.

Ruego a Dios que me dé Su sabiduría para saber amarte,
apoyarte, ser paciente, y también respetuosa.
Pero más que todo le pido que ablande tu corazón
para que quieras darme la última oportunidad de intentar otro
  comienzo.

Ahora es su turno:
Le pediría que escriba un poema a su esposo diciéndole lo que piensa y lo que siente en su corazón acerca de su vida juntos en el pasado y en el futuro. No se preocupe si no rima.

_____

_____

_____

_____

_____

_____

_____

_____

_____

_____

_____

_____

La crisis de identidad
mamá vs. esposa

A primera vista, es razonable imaginar que se dediquen a los hijos todas las energías, el tiempo, la atención, el amor y el afecto. Es decir, ¿no son ellos lo más tierno, adorable, inocente y totalmente dependientes de la madre para su vida misma, para su alimentación, su cuidado, su protección y su crianza? ¿No es por lo tanto evidente que todo lo demás deba quedar a un lado para dedicarse a esa actividad? ¿No es egoísta hacer cualquier otra cosa? ¿No es egoísta e inmaduro, por parte de un esposo, quejarse de que se siente "marginado," "ignorado," "un ser sin importancia," "olvidado," como si hubiera perdido su novia para siempre?

> *"Mi esposo y yo llegamos a un punto en el que, después de muchas vueltas y de trillar lo ya trillado, me dijo que quería el divorcio—y se fue. ¡Mi mundo se derrumbó y yo no podía creerlo! Lloré, rogué, supliqué, pero todo fue inútil. Ya había consultado con un abogado y me sugirió que hiciera lo mismo.*
>
> *"Durante los días siguientes, me desmoroné. Pensé en toda lo que habría podido hacer de otra forma y recé con toda mi alma pidiendo fuerzas para poder ser la mejor mamá, dentro de mis capacidades. Me despertaba con mi pequeño hijo de dos años con su cara de ángel acostado a mi lado en la cama, recordaba lo que había ocurrido y no cesaba de llorar.*

"Hice todo lo que en su libro, Cómo Cuidar y Tener Contento al Esposo usted dice que no debería haber hecho. Me había convertido en una mamá absoluta y consumada. Eso era lo ÚNICO que me importaba. Y cuando mi esposo trataba de ayudar, nunca lo hacía 'bien,' entonces, no le permitía hacerlo y me hacía cargo. Me quejaba de que no me ayudaba, y luego lo criticaba si lo hacía. Me lamentaba y me quejaba de que no pasaba suficiente tiempo con nosotros y nunca le agradecía cuánto se esforzaba en su trabajo para que yo pudiera quedarme en casa y cuidar de mi hijo."

Esta lectora acaba de mudarse con su familia a la otra costa del país porque ella estaba totalmente dedicada a su hijo, se sentía aislada y llegó a estar en una situación de gran necesidad, que desafortunadamente llegó a ser demasiado crítica llevándola a adoptar comportamientos constantes de ira. Su esposo llegó al punto en el que ya no quería llegar a casa y comenzó a trabajar hasta tarde y a salir con su jefe a cenar y a beber—cualquier cosa para evitar llegar a casa y encontrarse con ella.

Su madre, una persona que había sido muy negativa como esposa, empezó a envenenarle la mente con ideas de la infidelidad de su esposo. No obstante, cuando ella lo llamaba, siempre estaba donde se suponía que debía estar.

Una noche, su esposo llamó para preguntar si podía ir a casa a pasar algún tiempo con el niño. Ella le dijo que sí y le propuso que ella se iría y los dejaría solos por unas horas. Él le sugirió que se quedara. Ella le preparó su plato favorito. Al día siguiente él la llamó para preguntarle si le gustaría ir al parque y luego salir a cenar. Empezaron a cortejarse de nuevo.

Volvió a casa dos semanas después de haberse ido. Ella comenzó a demostrarle que lo apreciaba como esposo y como hombre.

"Y . . . por fin aprendí a apreciarlo de verdad. En una oportunidad, antes de llegar al punto en el que por poco nos divorciamos, intentó demostrarme su amor trabajando hasta tarde para proveer lo necesario para mi hijo y para mí. Yo no lo había visto así. Yo

quería más. Pero cuando durante esas dos semanas que estuvo au-
sente pude pensar que había perdido lo que tuve, aprendí al fin a
apreciar lo que tenía."

Ahora, ella lo llama a la oficina, se ofrece a llevarle el almuerzo. Lo elogia. Lo apoya en lo que hace con su hijo—sin
criticarlo. Le pide las cosas sin quejas. Básicamente,

"He vuelto a ser esposa—no sólo mamá. Le digo que es mi
héroe. Y recibo mucho a cambio. Más de lo que jamás habría po-
dido imaginar."

Muchas otras mujeres me han escrito para confesar que se
han dedicado por completo a la maternidad, hasta el punto de
excluir de sus vidas a sus esposos. Cuando ellos adoptaron una
actitud distante, preocupados por otras cosas, desinteresados,
poco dispuestos a cooperar o a adoptar un comportamiento romántico . . . los tildaron de egoístas y no se dieron cuenta de
que ellas mismas habían contribuido a la descomposición de sus
hogares.

¿Qué hizo una de estas mujeres para cambiar por completo
esta situación?

"Su mensaje, Dra. Laura, fue claro y contundente, me hizo ver
que me había olvidado de 'cuidar' y 'tener contento' a mi esposo;
lo simples gestos de amor tan naturales que tuve para con él du-
rante tantos años, estaban ahora reservados exclusivamente para
mi hija.

"Poco a poco empecé a demostrarle mi aprecio y mi cariño.
Siempre que entraba en la habitación, me levantaba, dejaba lo
que estuviera haciendo y lo besaba, comencé a sonreírle cada vez
que lo veía. Comencé a llamarlo durante el día para decirle que
pensaba en él. Dejaba pequeñas notas de amor en su bolsa del al-
muerzo. Prestaba atención a los momentos en los que me necesi-
taba y le daba gusto, le hacía masajes en los pies, en los hombros,
y estaba allí sólo para él.

"Le agradecía todas lo que hacía por mí para agradarme y

sorprenderme, empezó a sonreír y a hablar de forma más espon-
tánea. Está dispuesto a ayudar otra vez en la cocina. Y cuando le
pido que arregle algo o que se ocupe de algo en la casa, está dis-
puesto a hacer lo que pueda tan pronto como vuelve del trabajo.

"Ahora tengo de nuevo el amigo y el amante del que me ena-
moré hace muchos años."

De hecho, muchas mujeres piensan que lo pueden tener
todo, y que todo lo hacen bien. No es así. Una de ellas me escribió contándome los problemas de su matrimonio. Era consciente de que su esposo ocupaba el segundo o el tercer lugar
dentro de sus prioridades . . . pero, después de todo, estaban casados y él debería saber que ella lo amaba ¿verdad? ¿No debería
comprender que ella estaba muy ocupada? ¿No debería aceptar
simplemente que las cosas cambian a medida que la vida pasa?

Había empezado a acusarlo de tener relaciones con otra
mujer, porque ya no le hablaba de las cosas de todos los días y
tampoco iniciaba la actividad sexual.

Él le decía que tenía la impresión de que eran sólo compañeros de habitación y que se sentía solo. Ella no podía imaginar
cómo un hombre, después de diecinueve años de matrimonio,
con dos hijos adolescentes, que iba a la Iglesia, a los eventos deportivos de sus hijos, que visitaba a sus parientes políticos, ayudaba en las tareas de la casa, etc., ¡podía sentirse sólo!

Sin embargo, se dio cuenta de que ¡ese era precisamente el
problema!

"Para mí todo era más importante que mi esposo. Me buscaba en
las noches para hacer el amor, pero el 90 por ciento de las veces me
encontraba cansada, agotada. Pensé que era una mujer capaz de
hacer malabares con todas las responsabilidades—pero estaba
muy equivocada. Era una mujer inmadura, egoísta, con un esposo
extremadamente paciente, hasta que, por último, llegó a su límite.

"Debido a que lo descuidé por tanto tiempo, su amor por mí
se enfrió. Perdió los sentimientos de amor que le hacían sentir
mariposas y cosquillas, y no está seguro de poderlos recuperar. En
su libro leí tantas cartas de esposos descorazonados porque noso-

tras no los entendemos. El sexo para los hombres es como la con-
versación para las mujeres.

   "Espero que mi esposo me dé otra oportunidad . . ."

Es una trampa en la que podemos caer con facilidad; "ignorar al esposo porque los hijos nos necesitan más y él puede cuidarse solo." Este sentimiento sólo nos lleva a terminar con un
esposo aislado, lejano, amargado, solitario, que, en respuesta a
esta actitud, tampoco nos ama.

Ahora es su turno:

Repase mentalmente cuidadosamente todas sus actividades diarias/semanales,
sin ningún orden específico. Piense en el tiempo que dedica a cada una de ellas,
y la pasión con la que las desarrolla, ahora vuélvalas a numerar con base en la
prioridad que le da a cada una. ¿En qué posición queda su esposo?

_____

_____

_____

_____

_____

_____

_____

_____

_____

_____

Pregúnte le a su esposo si hay alguna cosa—y en ese caso, específicamente
cuál—que lo haga sentir solo o abandonado en su familia/matrimonio.

_____

_____

_____

_____

_____

_____

_____

_____

_____

_____

Piense en lo que hace para que su esposo sepa que usted piensa en ÉL diaria/semanalmente.

_____

_____

_____

_____

_____

_____

_____

_____

_____

¿Qué tipo de actividades hacen juntos durante el mes que sean cosas que le agradan principalmente a *usted?*

_____

_____

_____

_____

_____

_____

_____

_____

¿Qué tipo de actividades hacen juntos durante el mes que sean cosas que principalmente le agradan a *él?*

_____

_____

_____

¿Qué tipo de actividades hacen juntos durante el mes que sean cosas que les agradan principalmente a ambos?

¿Qué otras cosas podrían hacer juntos?

¿PERO QUÉ PASA CUANDO
NO ESTOY ÁNIMO? . . .
DE ¡EL "RECIBIR" ESTÁ EN EL "DAR"!

Esta sección no se trata exclusivamente de sexo, sino de todas las formas en las que se puede dar y sacrificar su gratificación inmediata a favor de la gratificación de su esposo.

En cuál de estas actitudes se "da" más: ¿compartir una galleta cuando se tienen diez y ya ha comido seis o compartir una galleta cuando sólo queda una y usted tiene hambre?

Claro que es fácil mostrarse cariñosa y generosa cuando está llena de energía y felicidad. La verdadera medida de su amor y su compromiso se demuestra por la aceptación de las necesidades únicas y sinceras de su esposo y su amorosa obligación de responder a sus solicitudes y deseos razonables con comprensión y afecto.

Una lectora me escribió diciendo que estuvo a punto de negarse a leer mi libro porque tenía cuatro meses de embarazo y ya tiene dos hijos, uno de cuatro y uno de dos. ¡Está agotada! Por lo tanto, pensó que tenía derecho a no tener que pensar en las necesidades de su esposo, porque está ocupada y pasando por una crisis hormonal.

> *"Pero, en el fondo de mi corazón sabía que el mejor momento para preocuparme por mi esposo es cuando lo voy a necesitar más. Por lo tanto, aunque me sentía mareada, con acidez, agotada y gorda, llegaba a la cama desnuda y lista.*
>
> *"Entonces, cuando las mujeres llaman a su programa para decir, 'Pero es que no siento deseos,' ríase, Dra. Laura, porque si una mamá embarazada que ya tiene dos hijos y que ha pasado parte del día vomitando, lo puede hacer, ¡ellas también pueden! ¿Cuál es el resultado? ¡Lo estoy disfrutando! La otra noche, le di las buenas noches a mi esposo con un beso y pude sentir el mismo olor que tenía hace unas noches cuando hicimos el amor. Todo en mi interior se excitó. Fue una sensación emocionante—que no había sentido desde las primeras épocas de nuestro matrimonio, o cuando estamos de vacaciones. ¿Qué emoción!"*

Recuerde el consejo número uno de Mamá Laura: ¡NUNCA RECHACE UN ORGASMO PERFECTO POR ESTAR MOLESTA . . . O NO ESTAR DE ÁNIMO!

"Solía ser el tipo de esposa que pensaba que el sexo era algo que mi esposo se ganaba con su 'buen comportamiento.' Y ese buen comportamiento lo definía yo. Le negaba el sexo simplemente porque estaba exhausta después de un duro día de cuidar a mis dos hijas pequeñas y dar clases de piano—como si mi día fuera más pesado o exigente que el suyo. Si tenía suerte o se mostraba extremadamente cariñoso conmigo, yo 'cedía' de vez en cuando— cuando me apetecía.

"Me siento culpable y avergonzada de haberle dicho a mi esposo que después de haberme ocupado de las necesidades de todos los demás durante todo el día, lo último que quería hacer era cumplir otro deber (hacer el amor) para satisfacerlo. A veces, a propósito, me negaba a participar, permanecía allí inmóvil, esperando a que terminara, para luego suspirar molesta, darme la vuelta y dormirme sin darle si quiera un beso.

"Me dijo que una de las cosas más importantes para él era sentir que lo deseaba (otro movimiento ascendente de los ojos), y hablaba con celos de las relaciones de los amigos con sus esposas que disfrutaban e iniciaban el sexo.

"Luego leí su libro, Cómo Cuidar y Tener Contento al Esposo. *Mientras lo leía, lloré casi todo el tiempo, al comprender cuán destructivo había sido mi comportamiento para nuestro matrimonio. He hecho algunos cambios y debo decirle, Dra. Laura, que es ¡MÁGICO! Los sentimientos de amor y respeto por mi esposo han aumentado en la última semana y me siento más cercana a él que en cualquier otra época de nuestros ocho años de matrimonio.*

"Empieza a mostrarse más cariñoso, más amable, más divertido . . . e inclusive ¡me planchó una blusa sin que se lo pidiera! Realmente estoy sorprendida de lo que un simple recordatorio de cariño, comprensión y generosidad puede hacer por la relación conyugal.

"La sociedad enseña a las mujeres que deben ser agresivas, centradas en ellas mismas y que deben cuidar constantemente su tiempo 'personal.' Las mujeres han sido engañadas con la falacia de que deben luchar contra la opresión. Al seguir las instrucciones de su libro he encontrado mi verdadera libración."

Esta carta es típica de los cientos que he recibido acerca del concepto de las ganancias inmediatas. Sin embargo, cuando pensamos en "recibir," generalmente sugiere "algo" que viene de otra persona. Esa es una visión miope. Las mujeres que superan las arraigadas nociones de que darse al esposo es renunciar a algo que les pertenece, aprenden que en lugar de perder algo, experimentan una profunda sensación de ganancia.

Esa ganancia es respeto propio, asombro, sorpresa al ver que ser *mujer* pueda ser algo tan importante, tan benévolamente potente, tan especial, tan dulce, tan misterioso, tan atrayente, tan encantador, tan seductor, tan romántico, tan necesario, tan deseado, tan respetado y mucho más. Lo que las mujeres "reciben" a cambio de "darse" a sus hombres es un increíble sentido nuevo de propósito y significado, una vida que tiene una definición mucho más importante que la que se obtiene de la promesa feminista de felicidad para la mujer.

Lo que ha sido realmente sorprendente es que además del descubrimiento que hacen las mujeres del valor de su condición de mujer, se han dado cuenta de que sus esposos agradecidos, les dan el mundo entero—cocinan, limpian, lavan, arreglan, etc.—y no lo consideran, ni por un minuto, como una exigencia, o como algo poco masculino; los hombres viven para cuidar a sus esposas—cuando ellas los aprecian. No olvide las Aes de *Cómo Cuidar y Tener Contento al Esposo:* atención, aprobación, aprecio y afecto. Son las llaves del reino.

Ahora es su turno:

Piense en todas las veces que usted no "se sintió de ánimo" para la intimidad sexual o para salir a cenar sin los hijos, para ducharse juntos, para pasar un rato a solas con él, para ir a alguna parte que sólo a él le interesa, etc. ¿Cómo cree que él interpretó ese rechazo de su parte?

Describa las veces que "lo hizo" porque no "lo" pudo evitar . . . sin embargo, una vez que "lo" estaba haciendo, descubrió que "le" gustaba. ¿Qué lección deriva de ahí?

¿Cuál de los dos "decide," por lo general, si hacen o no el amor?

_____

¿Cree que su esposo se tiene que "ganar" el que usted acepte hacer el amor? De ser así, ¿cómo puede ganárselo ¡garantizado!?

_____

Ahora, considere el permiso que usted misma se da para comportarse mal durante sus periodos de desarreglo emocional, descargas hormonales, y días difíciles. Imagine cómo se sentiría si se encontrara del lado receptor de esas reacciones. ¿Le gustaría volver a casa a encontrarse con una persona como usted?

_____

Piense en las veces que se ha forzado en ser amable con el cartero o con su amiga—pero sin embargo, no hace el esfuerzo de portarse así con su esposo. Explíquelo.

_____

_____

_____

_____

_____

_____

_____

_____

_____

Ahora piense en cómo a dejado a un lado sus "poderes femeninos" por creer que son manipuladores o que la degradan como mujer.

_____

_____

_____

_____

_____

_____

_____

_____

Despúes de leer *Cómo Cuidar y Tener Contento al Esposo,* y después de haber llegado hasta aquí en este libro de trabajo, anote todos los cambios que haya hecho en relación con ¡entrar en contacto con su "lado femenino"!

_____

_____

_____

_____

_____

_____

_____

_____

_____

Y, claro está, hay otro concepto más simple con el hecho de recibir a cambio de dar:

> *"En resumen, su libro nos ha ayudado a ambos a aprender de nuevo cómo comportarnos como esposos que se aman y a hacer cosas el uno por el otro porque nos queremos . . . no sólo porque se supone que lo tenemos que hacer."*

Y:

> *"Más o menos una semana después de haber leído su libro, mi esposo le cambió los neumáticos al auto y se dedicó dos días a instalar un sistema nuevo de aire acondicionado para que pudiera estar fresca durante el verano—¡estamos en enero! Además, hace unos días, me invitó a almorzar mientras los niños estaban en el colegio. ¡Es la primera vez en dos años que hace algo así!"*

Ahora es su turno:

Observe la diferencia en el comportamiento de su esposo desde que usted leyó *Cómo Cuidar y Tener Contento al Esposo* e hizo algunos cambios. ¿Qué cambios ha notado en él?

_____

_____

_____

_____

_____

USTED ES TODO LO QUE ÉL
REALMENTE NECESITA

Mi carta favorita y la que mejor describe el concepto de que "Usted es Todo lo que Él Realmente Necesita" es la de una mujer que asistió a terapia de pareja para analizar por qué su esposo pasaba días tras día sentado frente al televisor con el control remoto, deprimido, triste, sin querer interactuar con los niños, etc.

Frustrada y descorazonada, compró mi libro, como último recurso, esperando descubrir por qué su matrimonio iba tan mal. Lo que más la impresionó fue el capítulo sobre el sexo, sobre todo la parte que se refería a la forma como un hombre quiere a una mujer sin importar su apariencia . . . sólo se siente feliz de estar con ella. Por último lo entendió: tenía cincuenta libras de sobrepeso y se sentía incómoda con su apariencia.

"Culpaba a todos menos a mí misma por mi sobrepeso. Me mantenía siempre bien vestida y bien arreglada pero mi orgullo siempre había sido mi figura delgada. Sigo siendo atractiva, aunque ahora al estilo Rubens. De cualquier forma, me arriesgué.

"Fui tras mi esposo con mi cuerpo regordete y a él le ENCANTÓ. No le importó en lo más mínimo mi apariencia, y fue el mejor sexo que hayamos tenido en mucho tiempo. Comenzamos a reír con cierta complicidad cuando estábamos en presencia de los niños, y nos abrazamos y nos decimos frases tontas y dulces por teléfono. ¡Los niños nos miraban extrañados!

"Bueno, en veinte años, mi esposo NUNCA me había rega-

lado ropa. Cuando cumplimos veinte años de matrimonio, me trajo una malla de lycra transparente, de Victoria's Secret—y la eligió porque era demasiado pequeña y resaltaría, ya sabe, mis partes íntimas. Para él esto es algo muy sexy y yo no lo sabía.

"De cualquier forma, cuando los niños estaban en el colegio y yo volví a casa después de ir al gimnasio, lo saludé de prisa y le dije que tomaría una ducha. Me respondió, con un gruñido, como de costumbre, sin siquiera mirarme. Me embutí en esa pequeña prenda de roja, sin más ropa, bajé la escalera y le dije, 'Amor ¿me veo muy gorda?'

"Me miró fijamente sin decir nada. Luego sonrió y me dijo, 'Subamos y veamos en más detalle.' Estuvimos muy ocupados durante las siguientes dos horas.

"Ahora, me estoy liberando de mi psiquiatra y estoy gastando mi dinero en prendas de Victoria's Secret. Mi esposo, mi matrimonio y mis hijos queremos darle las gracias ¡desde lo más profundo de mi malla de lycra!"

No tenía que ser perfecta para el amante de sus sueños. Sólo tenía que estar dispuesta a entregársele con amor, aceptación, un espíritu abierto, y sentido del humor.

Ahora es su turno:
¿Cuáles de sus características le disgustan y se las oculta a su esposo?

_____

_____

_____

_____

_____

_____

_____

_____

_____

_____

Otra esposa cree que se ha convertido en mejor esposa debido a mi programa de radio. Su esposo es lo que podríamos llamar un perfeccionista y no se perdona cuando se equivoca al tocar la guitarra. Si se equivoca demasiadas veces, se considera un fracaso y un inútil. Antes ella solía contradecirle y terminaban gritándose.

En esta ocasión, cambió de actitud. Cuando él dijo que destrozaría la guitarra contra el piso o que la vendería, ella le indicó que esas no eran las únicas alternativas—y luego se quedó callada. Hizo una lista de veinte o más razones por las cuales lo amaba, y cuando él salió desanimado de su cuarto de práctica, se la entregó.

La leyó y su actitud cambió por completo, la abrazó y le dijo que había hecho algo maravilloso. Se disculpó por su comportamiento, sacó copias de la lista y las pegó por toda la casa—para que le sirvieran de recordatorio.

Ella no discutió con él ni le habló de su comportamiento inmaduro. Se le entregó, le dio su amor, le demostró su respeto y su comprensión; y él quedó sanado.

Otra esposa me escribió diciendo que siguiendo mis consejos, recibió a su [*"totalmente devoto y subestimado"*] esposo con una taza de café, lo miró a los ojos y le dijo lo orgullosa que estaba de él y cuánto apreciaba lo que se esforzaba en su trabajo.

Sus ojos se llenaron inmediatamente de lágrimas. La abrazó y le dijo, "Esa es la única razón de mi vida."

"¡¿Esa es la única razón de su vida?! ¡¿?! Siempre hemos tenido un matrimonio feliz, pero de ahora en adelante va a ser aún más feliz."

Otra oyente confirmó, una vez más, la importancia tan especial de la esposa para el esposo. Cuando su esposo volvió a casa después de un día de trabajo especialmente difícil, jugó con los niños, habló, rió, y pasó una excelente velada en familia. Cuando los niños se fueron a dormir y ellos estaban abrazados en el sofá, ella le dijo que lamentaba que hubiera tenido un día tan difícil y que esperaba que mañana fuera mejor.